Asien

Afghanistan	Armenien	Aserbaidschan	Bahrain	Bangladesh
Bhutan	Birma	Brunei	China	Georgien
Indien	Indonesien	Irak	Iran	Israel
Japan	Jemen	Jordanien	Kambodscha	Kasachstan
Katar	Kirgistan	Korea-Nord	Korea-Süd	Kuwait
Laos	Libanon	Malaysia	Malediven	Mongolei
Nepal	Oman	Osttimor	Pakistan	Philippinen
Saudi-Arabien	Singapur	Sri Lanka	Syrien	Tadschikistan
Taiwan	Thailand	Turkmenistan		
Usbekistan	Vereinigte Arabische Emirate	Vietnam		

Europa / Asien

Russland	Türkei

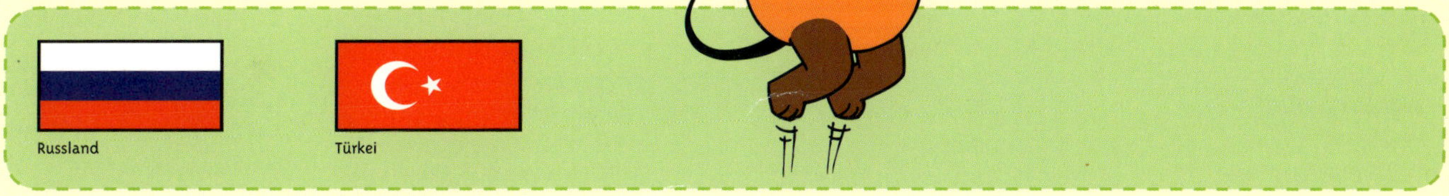

Der
Atlas
mit der Maus

Meyers Kinder- und Jugendbücher

Bibliografische Information der Deutschen Nationalbibliothek
Die Deutsche Nationalbibliothek verzeichnet diese Publikation
in der Deutschen Nationalbibliografie; detaillierte bibliografische
Daten sind im Internet über http://dnb.d-nb.de abrufbar.

Mit Dank an Matthias Körnich von der WDR-Kinderredaktion für die
Unterstützung.

Redaktionelle Leitung: Jasna Zagorc, Jürgen Hotz
Text und Bildredaktion: Dr. Rainer Aschemeier
Redaktion: Angelika Sust

Herstellung: Verona Meiling
Layout: Horst Bachmann
Kartografische Bearbeitung: Kartographie Ch. Peh & G. Schefcik
Illustration: Julia Späth
Umschlagfotos: MEV Verlag, Augsburg: Geysir, Leuchtturm, Tadsch
Mahal; Shutterstock Images: Flaggen; Kessler Medien: Matterhorn;
Fotolia LLC: Prater
Satz: fotosatz griesheim GmbH, Griesheim
Druck und Bindung: Beltz Bad Langensalza GmbH,
Am Fliegerhorst 8, 99947 Bad Langensalza

Printed in Germany
ISBN 978-3-411-80946-2
www.meyers.de

Vorwort

Im Atlas mit der Maus nimmt dich die Maus mit auf eine Reise um die Welt. Los geht's bei dir zu Hause. In immer weiteren Kreisen wird erkundet, was drum herum liegt: ein Dorf – oder eine Stadt. Die Stadt, in der du wohnst, liegt in Deutschland, das aus sechzehn Bundesländern besteht. Die Bundesländer werden einzeln vorgestellt, dann geht es wieder ein bisschen weiter weg: Deutschland gehört zum Kontinent Europa. Dort besuchen wir nacheinander die Länder Europas. Dann werden die übrigen Kontinente vorgestellt, bis wir schließlich von ganz weit oben einen Blick auf die Erde mit all ihren Meeren und Ozeanen werfen. Zum Schluss wird gezeigt, welchen Platz unsere Erde im Weltall einnimmt.

Inhalt

Zu Hause **6**

Dein Zuhause 6

Das Dorf 8

Die Stadt 10

Deutschland **12**

Schleswig-Holstein 14

Sachsen 15

Mecklenburg-Vorpommern 15

Hamburg, Bremen 16

Niedersachsen 17

Brandenburg 18

Sachsen-Anhalt 19

Sachsen 20

Thüringen 21

Hessen 22

Nordrhein-Westfalen 23

Rheinland-Pfalz 24

Saarland 25

Baden-Württemberg 26

Bayern 27

Europa **28**

Belgien, Luxemburg, Niederlande 32

Frankreich, Monaco 33

Spanien, Andorra, Portugal 34

Italien 35

Schweiz 36

Österreich, Slowenien 37

Ungarn, Tschechien, Slowakei 38

Polen 39

Kroatien, Kosovo, Serbien, Mazedonien,
     Bosnien und Herzegowina, Montenegro 40

Moldawien, Rumänien, Bulgarien 41

Griechenland, Albanien 42

Türkei, Zypern 43

Litauen, Estland, Weißrussland, Lettland,
     Ukraine 44

Russland 45

Dänemark 46

Norwegen, Schweden, Finnland 47

Großbritannien 48

Irland, Island 49

Die anderen Kontinente **50**

Afrika 50

Asien 54

Nord- und Mittelamerika 58

Südamerika 62

Australien und Ozeanien 66

Arktis und Antarktis 70

Meere und Ozeane 72

Unsere Erde 74

Das Weltall 77

Register **78**

So findest du dich im Atlas mit der Maus zurecht

In diesem Buch lernst du unsere Erde kennen. Wir nehmen dich wie auf einer Weltreise mit rund um die Welt. Bei dir zu Hause geht es los und dann geht die Reise immer weiter: durch Deutschland und alle seine Bundesländer, durch die Länder Europas und von Kontinent zu Kontinent.

Der Balken oben auf jeder Seite des Buches hilft dir, dich zurechtzufinden: Die Seiten, auf denen Deutschland und seine Bundesländer beschrieben werden, sind gelb markiert. Die Länder Europas findest du auf den hellblau markierten Seiten, die übrigen Kontinente auf den grün markierten.

In den **Infoboxen** liefert dir die Maus Wissenswertes zum jeweiligen Land oder Kontinent.

Ein kleiner **Globus** oben in der Ecke der Seite verrät dir, wo sich das beschriebene Land oder der Kontinent auf der Erde befindet.

Unten auf der Seite findest du die **Highlights** mit weiteren spannenden Informationen zu ausgewählten Punkten auf den Karten.

Europa

36

Schweiz

Die Schweiz gilt als Land der Berge, weil es an die Alpen grenzt. Dort spielt auch die Geschichte von Heidi. Die Erzählung von dem Waisenmädchen, das seinen mürrischen Großvater – den Alpöhi – wieder zu einem fröhlichen Menschen macht und einem im Rollstuhl sitzenden Mädchen das Gehen beibringt, stammt aus der Feder von Johanna Spyri. Die Schriftstellerin wurde mit ihren im 19. Jahrhundert erschienenen Heidi-Büchern innerhalb weniger Jahre weltberühmt. Im Emmental bei Bern produziert man – na, klar! – den Emmentaler Käse. Heute kann zwar jeder Käsemacher in jedem Land auch „Emmentaler"

Wie wird Käse hergestellt?

Es gibt Tausende Sorten Käse auf der Welt und die verschiedensten Rezepte. Doch der Beginn der Käseherstellung ist fast immer gleich: Milch wird zum Gerinnen gebracht. Das kann auf unterschiedliche Art und Weise geschehen. Meistens wird Milch mit Lab vermischt, einer Substanz, die im Labmagen von Wiederkäuern vorkommt, also zum Beispiel von Kühen oder Schafen. Alle darauffolgenden Arbeitsschritte sind ganz unterschiedlich und ausschlaggebend für den besonderen Geschmack einer Käsesorte.

herstellen, doch die Schweizer legen Wert darauf, dass der echte Emmentaler nur dann ein Original ist, wenn er als „Schweizer Emmentaler" geführt wird. Das haben sich die Schweizer Käsemacher sogar bei der Europäischen Union sichern lassen. Somit kann jeder „Nicht-Schweizer" Käsemacher, der seinen Käse fälschlicherweise als „Schweizer Emmentaler" anpreist, bestraft werden.

Hauptstadt:	Bern
Einwohner:	7,6 Mio.
Landesfläche:	41 285 km²

Das Schweizer Matterhorn ist mit 4478 m einer der höchsten Berge in den Alpen.

① Davos: Höchstgelegene Stadt Europas auf 1560 m Höhe

② Gstaad: Im Iglu-Dorf bestehen die Häuser aus nichts anderem als Eis.

③ Großer Aletschgletscher Größter und längster Gletscher Europas

Wenn du auf der Suche nach einem ganz bestimmten Land bist, kannst du im **Register** auf den Seiten 78 und 79 nachschlagen: Dort sind alle Länder, die in diesem Buch vorgestellt werden, alphabetisch aufgelistet. Außerdem findest du dort auch wichtige Begriffe, die im Buch vorkommen.

Bei den Beschreibungen der einzelnen Länder wird auch die Flagge des jeweiligen Landes gezeigt. Die **Flaggen aller 196 Länder** dieser Erde mit Ländernamen sind ganz vorn und ganz hinten im Buch abgedruckt.

Und nun viel Spaß auf deiner Weltreise mit der Maus!

Die **Ländersteckbriefe** enthalten die wichtigsten Fakten auf einen Blick.

Die **Landkarten** zeigen dir die Hauptstadt und weitere große Städte, wichtige Flüsse, Gebirge und Regionen und die angrenzenden Länder und Meere.

Österreich

Hauptstadt:	Wien
Einwohner:	8,3 Mio.
Landesfläche:	83871 km²

In **Österreich** sind die Bedingungen für Rodeln, Skifahren oder Langlauf vielerorts optimal. Das liegt daran, dass sich die Alpen fast durchs ganze Land erstrecken. Die Berge der Alpen sind so hoch, dass schwere, mit Feuchtigkeit gesättigte Wolken sie nicht überwinden können und „abregnen". Deswegen fällt in den Alpen im Winter viel Schnee, der sich in den hohen Berglagen lange hält. Oft kann man dort vom Herbst bis ins nächste Frühjahr hinein Ski fahren.

Ein Gegenstand, den wir alle täglich benutzen, wäre ohne den Elan eines Österreichers vielleicht nie so bekannt geworden: 1923 erkannte Martin Winterhalter aus St. Gallen, dass sich Hosen und Jacken mit dem Reißverschluss viel schneller und winddichter verschließen lassen, als mit Knöpfen. Er baute die erste Reißverschlussfabrik und verbreitete das Produkt in ganz Europa. Allerdings hieß es bei ihm noch nicht „Reißverschluss" sondern „RiRi", eine Abkürzung für „Rippen und Rillen".

Ein Nachbarland Österreichs ist **Slowenien**: ein kleines, aber vielfältiges Land, das von den Alpen bis zur Mittelmeerküste reicht. In der Landesmitte liegt fruchtbares Hügelland. Lange Zeit war Slowenien kein eigenständiges Land. Zuletzt gehörte es zusammen mit Serbien und Kroatien zum ehemaligen Jugoslawien. Erst 1991 erlangte es seine Unabhängigkeit.

Das große Riesenrad im Wiener Prater, einem Vergnügungspark, ist eines der Wahrzeichen der österreichischen Hauptstadt.

Slowenien

Hauptstadt:	Ljubljana
Einwohner:	2 Mio.
Landesfläche:	20 256 km²

①Wien:
Spanische Hofreitschule mit Dressur-Vorführungen der weltberühmten Lipizzaner-Hengste

②Kremsmünster:
Die 1759 erbaute Sternwarte gilt als das älteste Hochhaus Europas.

③St. Anton am Arlberg:
Größtes Skigebiet Österreichs mit über 280 km Skipiste

④Cerknica:
Der Zirknitzer See ist mit einer Fläche von 38 km² der größte Sickersee der Welt. Sein Wasser versickert zwei Mal im Jahr komplett in der Erde.

Dein Zuhause

Ein sicheres Zuhause gehört für die Menschen heute ebenso wie früher zu den wichtigsten Dingen. Wahrscheinlich hängt das immer noch damit zusammen, dass eine schützende Unterkunft in früheren Epochen lebensnotwendig war. So hätten die Menschen in der Eiszeit zum Beispiel kaum überleben können, wenn sie nicht gelernt hätten, natürlich vorkommende Höhlen als Behausung zu nutzen oder sich aus Fellen und Ästen halbwegs wetterfeste Zelte zu bauen.

Viele Häuser haben heute Solaranlagen auf dem Dach, die zur Stromproduktion dienen. Auf diese Weise kann man nicht nur Energie sparen, sondern selbst zum Energieerzeuger werden.

Heute ist unser Zuhause weitaus mehr als ein „Dach über dem Kopf": Es soll gemütlich sein und möglichst viel Platz bieten, damit sich die Bewohner komfortabel einrichten können. Ein Badezimmer mit allen technischen Raffinessen ist für viele Menschen ebenso selbstverständlich wie eine energiesparende Bauweise. Das bedeutet, dass beim Heizen und beim Betreiben elektrischer Geräte möglichst wenig Energie verbraucht wird – das kommt dem Klima zugute und spart Kosten.

Beim Baden, Wäschewaschen oder beim Benutzen der Toilettenspülung entsteht Abwasser. Es läuft durch den Abfluss in die städtische Kanalisation und von dort aus weiter zur Wasseraufbereitung in die Kläranlage.

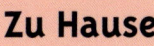

Wie kommt der Strom in die Steckdose?

Kohlekraftwerke treiben Turbinen mit Dampf
an, der aus der Verbrennung von Kohle
gewonnen wird. Ähnlich ist das bei Atomkraft-
werken. Hier wird der Dampf mithilfe von Uran-
brennstäben produziert. Daneben gibt es Windparks, Solarkraftwerke und Wasserkraftwerke.
Der erzeugte Strom fließt meist in Hochspan-
nungsleitungen zu einem Umspannwerk. Dort
wird er so aufbereitet, dass er je nach Bedarf
an das Stromnetz innerhalb der
Städte weitergegeben werden
kann. Über eine Leitung gelangt
er schließlich in den Hauptvertei-
lerkasten des Hauses, der den
Strom zu den Steckdosen in den
einzelnen Räumen weiterleitet.

Eine Zentralheizung ist heute in den meisten Häusern
Standard. Je nach Typ kann sie mit Gas, Öl oder erneuer-
baren Energieträgern, z. B. Holzpellets, betrieben werden.

Das Dorf

Vor vielen Tausend Jahren lebten die ersten Menschen im Familienverband und auf ständiger Wanderschaft. Doch als sie anfingen sesshaft zu werden, entwickelten sich schnell die ersten Dörfer. Hier wohnten nun mehrere Familien in ihren Behausungen an ein und demselben Platz zusammen, und das hatte viele Vorteile. Wenn eine Familie zum Beispiel Kenntnisse im Fischfang hatte und eine andere beim Jagen, konnten beide Familien voneinander profitieren.

Heute droht vielen Dörfern eine „Überalterung". Denn die jungen Einwohner ziehen in die Städte und nur die älteren bleiben zurück. Oft finden die jüngeren Leute auf dem Land nicht genügend Arbeitsplätze oder sie streben Berufe an, die sie nur in den großen Firmen der Städte ausüben können. Für die Dörfer im Umkreis großer Städte kann diese Entwicklung vorteilhaft sein, denn manche Menschen, die einen Arbeitsplatz in der Großstadt haben, bevorzugen etwas außerhalb gelegene, ruhige Wohngebiete.

Die Dorfkirche ist meistens das höchste Gebäude und schon von Weitem sichtbar. So konnten früher sogar die Landarbeiter auf dem Feld die Uhrzeit an der Turmuhr ablesen.

Ländliche Regionen sind beliebte Standorte für Windparks, in denen mithilfe von großen Rotorblättern Strom erzeugt wird.

Warum steht in den meisten Dörfern eine Kirche?

Früher war der Glaube für die Menschen sehr wichtig. Um allen Menschen – auch Alten, Gebrechlichen und Kindern – den Besuch des Gottesdienstes zu ermöglichen, wurde eine Kirche meistens mitten in den Ort gebaut. Das war sehr praktisch – vor allem in Zeiten, als es noch keine Autos gab. So musste niemand für den tagtäglichen Kirchengang beschwerlich lange Wege mit der Pferdekutsche oder gar zu Fuß auf sich nehmen. Zudem glaubten die Dorfbewohner, dass eine Kirche ihre Siedlung schützt.

Die Stadt

Ab wann ein Dorf kein Dorf mehr ist, sondern eine Stadt, wurde früher vom Fürsten, Bischof oder König der jeweiligen Region entschieden. Sollte ein Ort zur Stadt erhoben werden, verliehen sie ihm sogenannte Stadtrechte. So kommt es, dass viele

Viele Menschen müssen jeden Morgen zum Arbeiten vom Umland in die Stadt fahren. Das geht am besten mit dem Zug. Große Städte haben daher meist auch große Bahnhofsanlagen.

der heutigen Städte diesen Titel schon seit Jahrhunderten oder Jahrtausenden besitzen. Im Gegensatz zu anderen Orten durften Städte einen eigenen Marktplatz haben. Aber auch das „Münzrecht", also die Erlaubnis, eigenes Geld zu prägen, und das Recht, eine Stadtmauer bauen zu dürfen, gehörten zu den Stadtrechten. Heute wandern immer mehr Menschen vom Land ab und ziehen in die großen Ortschaften. Auch Firmen und Fabriken siedeln sich bevorzugt in Großstädten an. Zunehmend sind Städte- und Landschaftsplaner gefragt, um Parks und Grünflächen als städtische Erholungsräume zu schaffen.

1

Friedhof:
Im Nordwesten und Nordosten dieser Stadt liegen zwei Friedhöfe mit vielen alten Bäumen: Rückzugsorte für viele Tiere!

2

Universität:
Größere Städte haben oft eine Universität, an denen man verschiedene Studienfächer studieren kann.

3

Schule:
Damit der Schulweg für die Kinder nicht zu lang wird, haben die einzelnen Stadtteile eigene Schulen.

4

Post:
Weil die Post früher meist mit dem Zug transportiert wurde, befindet sich die Hauptpost in der Nähe der Bahngleise.

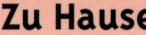

Wie viele Einwohner hat die größte Stadt der Welt?

*E*s ist gar nicht so einfach, die größte Stadt der Welt zu ermitteln, denn es stellt sich die Frage, ob sich die „Größe" auf die Fläche einer Stadt bezieht oder auf die Zahl ihrer Einwohner. Demnach gibt es mindestens zwei „Kandidaten": Flächenmäßig ist wahrscheinlich die chinesische Stadt Chongqing am größten: Die Kernstadt, das Umland und die zugehörigen Gemeinden umfassen 82 000 km²; das entspricht annähernd der Grundfläche von ganz Österreich. Die meisten Einwohner hat jedoch die japanische Hauptstadt Tokio. Dort wohnen rund 35,7 Millionen Menschen.

Wo viele Menschen wohnen, müssen auch die Kirchen größer sein. Zahlreiche Großstädte haben eine Kathedrale oder einen Dom. Im Bild ist der berühmte Kölner Dom zu sehen.

 5 Kino:
In der Stadt gibt es auch mehr Möglichkeiten für die Freizeitbeschäftigungen als auf dem Dorf, zum Bespiel ein Kino.

 6 Krankenhaus:
Jede Stadt hat ein Krankenhaus, oft auch mehrere.

 7 Kathedrale:
Jeder Stadtteil hat eine eigene Kirche, außerdem hat die Stadt auch noch eine prächtige Kathedrale.

 8 Hauptbahnhof:
Am Hauptbahnhof kreuzen sich mehrere Eisenbahnlinien und alle Züge, U-Bahn- und S-Bahnlinien halten hier.

Deutschland

liegt in einer gemäßigten Klimazone; das heißt, dass die Sommer bei uns meistens nicht zu heiß und die Winter häufig nicht sehr kalt sind. Dies sind gute Voraussetzungen für die Landwirtschaft. Da unser Land in Europa sehr zentral liegt, müssen viele ausländische Lastkraftwagen über deutsche Autobahnen fahren, wenn sie von Ost nach West oder von Nord nach Süd fahren wollen. Das deutsche Straßennetz ist daher im Vergleich mit unseren Nachbarländern sehr gut ausgebaut.

Die größten Flüsse Deutschlands eröffnen zusätzliche Transportmöglichkeiten: Rhein, Donau, Elbe und Weser sind die Flüsse, die von Schiffen am meisten befahren werden. Die Eisenbahnlinien in Deutschland verlaufen meistens von Nord nach Süd. Es gibt nur wenige Querverbindungen in West-Ost-Richtung. Das liegt daran, dass das Land einmal geteilt war. Vor der deutschen Wiedervereinigung bestand die BRD aus elf Bundesländern.

Hauptstadt:	Berlin
Einwohner:	81,8 Mio.
Landesfläche:	357 124 km²
Einwohner/km²:	229

Damit ist Deutschland ungefähr so groß wie Japan.

Deutschland liegt mitten in Europa und hat Grenzen zu insgesamt zehn Nachbarstaaten. Bis 1990 war das Land zweigeteilt: Der kleinere östliche Teil gehörte zur Deutschen Demokratischen Republik (DDR), der größere westliche Teil hieß bereits Bundesrepublik Deutschland (BRD). Deutschland

Wo liegt der „geografische Mittelpunkt" Deutschlands?

Diese Frage beschäftigt Geografen und Vermessungsingenieure schon seit Jahrzehnten. Während es bei einem Kreis ganz einfach ist, den genauen Mittelpunkt zu bestimmen, ist es bei einem Land wie Deutschland sehr schwer, denn die Grenzen sind ganz ungleichmäßig geformt. Wer sich bei seinen Berechnungen nach den geografischen Breiten- und Längenangaben richtet, kommt zu dem Ergebnis, dass sich im thüringischen Dorf Niederdorla der Mittelpunkt Deutschlands befindet. Aber auch Städte im Raum Kassel, Göttingen und im Eichsfeld nehmen dies für sich in Anspruch.

1 Rügen:
Auf der größten Insel Deutschlands befindet sich der bekannte weiße Kreidefelsen.

2 Berlin:
Das Brandenburger Tor wurde zum Symbol für die Wiedervereinigung des 40 Jahre lang geteilten Deutschland.

3 Erzgebirge:
In Sachsen liegt das Erzgebirge, das berühmt ist für seine Weihnachtspyramiden, Nussknacker und Räuchermännchen.

4 Rhein:
Mit 865 km Flusslauf auf deutschem Boden der längste Fluss Deutschlands; insgesamt ist er 1233 km lang.

Die Mitte Deutschlands wird von Mittelgebirgslandschaften geprägt. Hier liegt auch das Weserbergland, dessen höchste Erhebung allerdings nur knapp 530 m hoch ist.

Warum sind Schwarz, Rot und Gold die Nationalfarben Deutschlands?

Die heutige Flagge gründet auf den Farben der Uniform, die ein Teil des preußischen Heeres bei den Befreiungskriegen gegen Napoleon (1813–15) getragen hat. Ab 1832 standen die Farben für das Streben nach Freiheit, Bürgerrechten und deutscher Einheit – also für grundlegende demokratische Werte. Kein Wunder, dass die Nationalsozialisten diese Flagge nicht haben wollten. Erst seit Gründung der Bundesrepublik zieren die Farben Schwarz, Rot, Gold wieder die deutsche Flagge.

1990 sind die sogenannten „neuen Bundesländer" der Bundesrepublik beigetreten. Heute wird Deutschland in 16 Bundesländer unterteilt, über die du auf den folgenden Seiten viele spannende Dinge erfahren kannst.

Hochgebirgslandschaften gibt es nur in Süddeutschland. Die rund 1150 m hoch gelegene Wohnsiedlung Einödsbach nahe der Stadt Oberstdorf besteht aus drei Häusern und einer Kapelle.

 Frankfurt: Von Deutschlands größtem Flughafen aus fliegen jährlich 53 Mio. Passagiere ab.

 Hanau: Geburtsort der Gebrüder Grimm, die ihr Heimatland mit Märchen aus ganz Deutschland weltbekannt gemacht haben.

 Schwarzwald: Aus dieser Gegend stammt die in der ganzen Welt berühmte Schwarzwälder Kuckucksuhr.

 Neuschwanstein: Hoch oben in den Alpen hat der bayerische König Ludwig II. ein Traumschloss mit Aussicht bauen lassen.

 Zugspitze: Mit 2962 m höchster Berg Deutschlands

Schleswig-Holstein

Der Leuchtturm „Roter Sand" vor der Küste Schleswig-Holsteins war 1885 das erste Gebäude der Welt, das direkt auf dem Meeresgrund errichtet wurde.

In Schleswig-Holsteins Landeshauptstadt Kiel findet alljährlich Ende Juni die „Kieler Woche" statt. Das ist eine Segelregatta, also ein Wettrennen mit Segelbooten, und gilt als eines der bedeutendsten Segelsportereignisse weltweit. Mehr als 2000 Boote aus rund 50 Nationen der Erde nehmen daran teil. „Seefahrerromantik" ist in diesem Teil Deutschlands allgegenwärtig. Kein Wunder, grenzt das Bundesland doch gleich an zwei Meere: im Westen an die Nordsee und im Osten an die Ostsee. Das hat allerdings zur Folge, dass die Schleswig-Holsteiner immer wieder mit Sturmfluten zu kämpfen haben, die bis ins Binnenland hinein schwere Hochwasser verursachen können. Außerdem werden bei Sturmfluten oft die Küsten massiv beschädigt. Aber es gibt auch Techniken, um dem Meer wieder neues Land abzugewinnen. Ein Koog zum Beispiel ist ein Gebiet, das niedriger liegt als der Meeresspiegel, aber durch Eindeichung und Entwässerung künstlich „trockengelegt" wurde. Auf diese Weise ist neues Land entstanden, auf dem Menschen siedeln können.

Hauptstadt:	Kiel
Einwohner:	2,83 Mio.
Landesfläche:	15 799 km²
Einwohner/km²:	179

Damit ist Schleswig-Holstein ungefähr so groß wie Swasiland.

Geht in Flensburg die Sonne früher auf als in Mittenwald?

Der Äquator ist eine gedachte Linie, die entlang der mittleren Achse einmal um die Erde herumführt. Diese Linie liegt am nächsten an der Sonne. Deswegen treffen dort die Sonnenstrahlen an jedem neuen Tag zuerst auf und „wandern" dann langsam in Richtung Norden und Süden. Mittenwald liegt südlicher als Flensburg, sodass in Mittenwald in der Tat die Sonne einige Minuten früher „ankommt". Wegen der Neigung der Erdachse ist das aber nur im Sommer so; im Winter ist es genau umgekehrt.

Flensburg:
„Museumswerft" mit Ausstellung, wie vor Hunderten von Jahren Segelschiffe gebaut wurden

Husum:
Im Nationalpark-Haus erfährt man alles über Ebbe und Flut, die Vögel im Wattenmeer und warum Dünen wandern. Außerdem werden Watt-Exkursionen angeboten.

Nord-Ostsee-Kanal:
Meistbefahrene künstliche Wasserstraße der Welt! Der rund 100 km lange Kanal zwischen Brunsbüttel und Kiel verbindet die Nordsee mit der Ostsee.

Mecklenburg-Vorpommern

Auch viele Inseln und Halbinseln zählen zu Mecklenburg-Vorpommern: Usedom, dessen östlichster Zipfel schon zu Polen gehört, ist berühmt für seine schönen Kurbäder. Auf Rügen gibt es einen Felsen, der kreideweiß ist und von dem deutschen Maler Caspar David Friedrich auf einem heute weltberühmten Gemälde verewigt wurde. Ebenso sehr beliebt unter Ostseeurlaubern sind die Inseln Hiddensee, Wustrow und Poel sowie die Halbinsel Darß.

Vor allem wegen seiner wunderschönen und seenreichen Landschaft ist Mecklenburg-Vorpommern bekannt. Die vielen Seen der Region „Mecklenburgische Seenplatte" entstanden durch die letzte Eiszeit: Überall, wo besonders große Brocken der Eiszeitgletscher nur langsam abschmolzen, konnte ein See entstehen; und auf dem Gebiet der heutigen Mecklenburgischen Seenplatte sind das besonders viele. Schwerin, die Landeshauptstadt von Mecklenburg-Vorpommern, ist die kleinste Landeshauptstadt Deutschlands: Nur 100 000 Menschen leben hier. Das liegt daran, dass Schwerin zwischen sieben Seen liegt und die Stadt sich nicht so weit ausbreiten konnte.

Mecklenburg-Vorpommern lag in der Eiszeit unter einem riesigen Gletscher. Als das Eis abtaute, blieben viele Seen zurück – ein beliebtes Ziel für Freizeitsportler.

Hauptstadt:	Schwerin
Einwohner:	1,66 Mio.
Landesfläche:	23 186 km²
Einwohner/km²:	71

Damit ist Mecklenburg-Vorpommern ungefähr so groß wie Dschibuti.

1 Stralsund:
Deutsches Meeresmuseum mit Walskelett und lebendigen Meeresschildkröten

2 Trassenheide (Usedom):
Europas größte Schmetterlingsfarm mit über 5000 m² Fläche

3 Mecklenburgische Seenplatte:
Mit über 2000 Seen Deutschlands seenreichstes Gebiet

Hamburg

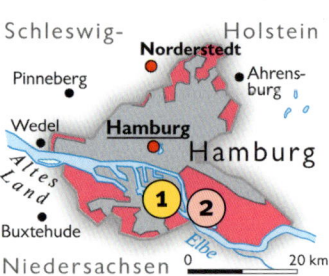

Hamburg ist nach Berlin die zweitgrößte Stadt Deutschlands und gleichzeitig auch ein Bundesland. Unzählige Touristen besuchen jedes Jahr die Stadt an der Elbe, die vor allem wegen ihres großen Hafens bekannt wurde. Er ist der größte Hafen Deutschlands und im europäischen Vergleich immerhin der drittgrößte.

Hauptstadt:	Hamburg
Einwohner:	1,77 Mio.
Landesfläche:	755 km²
Einwohner/km²:	2344

Damit ist Hamburg ungefähr so groß wie Bahrain.

Weil es so viele Menschen gibt, die gern in Hamburg wohnen möchten, wird derzeit der neue Stadtteil „Hafencity" gebaut. Er gilt als die größte Baustelle Europas.

An den St.-Pauli-Landungsbrücken legten früher große Überseedampfer an. Heute sind die historischen Gebäude eine Touristenattraktion.

Warum sind Hamburg und Bremen „Hansestädte"?

Die Hanse war ein Zusammenschluss von Handelsstädten im Mittelalter. Deutsche Städte, wie Hamburg, Bremen, Lüneburg, Lübeck, aber auch Städte in anderen Ländern, wie zum Beispiel Riga, Stockholm oder Nimwegen, schlossen sich in der Hanse zusammen, um beim Handel bessere Konditionen erzielen zu können. Hansestädte verpflichteten sich auch zu gegenseitigem Schutz. Wenn also eine Stadt der Hanse angegriffen wurde, mussten die anderen Hansestädte ihr helfen.

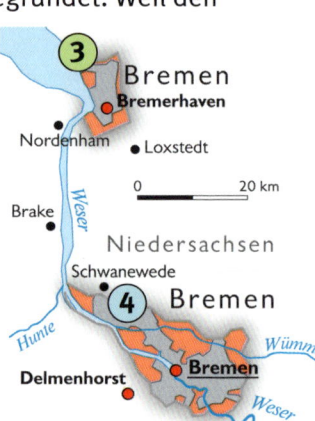

Bremen

Zum Bundesland **Bremen** gehört neben der Kernstadt auch die Stadt Bremerhaven. Sie wurde erst vor gut 180 Jahren gegründet. Weil den Bremern ihr Hafen zu weit landeinwärts gelegen war und größere Schiffe dort nur schlecht einlaufen konnten, kauften sie an der Einmündung der Weser in die Nordsee etwas Land und gründeten dort die Stadt Bremerhaven. Sie besitzt bis heute einen der größten und wichtigsten Häfen des Nordseeraums.

Hauptstadt:	Bremen
Einwohner:	0,66 Mio.
Landesfläche:	404 km²
Einwohner/km²:	1633

Damit ist Bremen ungefähr so groß wie Barbados.

 Hafen:
Größter Seehafen Deutschlands und drittgrößter Seehafen Europas

 Speicherstadt:
Größte Modelleisenbahnanlage der Welt im „Miniaturwunderland"

 Bremerhaven:
Im Erlebnismuseum „Deutsches Auswandererhaus" erfährt man alles über die 7,2 Mio. Menschen, die von Bremerhaven in die neue Heimat Amerika aufbrachen.

 Bremen:
Größte naturwissenschaftliche „Mitmach"-Ausstellung Deutschlands im „Universum Science-Center"

Niedersachsen

Hannover ist die Landeshauptstadt Niedersachsens. Alljährlich findet hier das größte Schützenfest der Welt mit rund 10 000 Teilnehmern und einem zwölf Kilometer langen Festumzug statt. Außerdem gibt es in Hannover jedes Jahr die weltweit größte Computermesse. Niedersachsen ist auch bekannt dafür, dass hier Pferde gezüchtet werden: Das ist schon am Wappen zu sehen, in dem ein weißes Ross abgebildet ist. Die erfolgreichsten Sportpferde in Deutschland, die Hannoveraner, kommen aus Niedersachsen. Zwei Niedersachsen, nämlich Max und Moritz, wurden weltberühmt. Die lustigen Bildergeschichten über die Streiche der beiden Jungs stammen aus der Feder des Zeichners Wilhelm Busch, der in Wiedensahl bei Hannover geboren wurde.

Das einst sumpfige Land der Lüneburger Heide wurde trockengelegt, damit man Torf abbauen konnte. Torf besteht aus abgestorbenen Pflanzenresten und entsteht in Mooren. Er wurde früher als Brennstoff verwendet, denn Holz war rar: Auf dem sauren Moorboden wuchsen kaum Bäume. Auch die Beweidung des Landes durch „Heidschnucken", einer besonderen Schafsorte, führte zu einer einzigartigen Landschaft. Da sie schon früh als besonders schön und erhaltenswert galt, wurde sie 1921 zum ersten deutschen Naturschutzgebiet ernannt.

Hauptstadt:	Hannover
Einwohner:	7,94 Mio.
Landesfläche:	47 627 km²
Einwohner/km²:	166

Damit ist Niedersachsen ungefähr so groß wie Estland.

In Niedersachsen gab es früher viele Windmühlen, weil der Wind über dem flachen Land hohe Geschwindigkeiten erreicht. So schöne Mühlen wie diese sind heute eine Seltenheit.

 Wattenmeer:
UNESCO-Weltnaturerbe: Bei Ebbe kann man zu Fuß vom Festland zu den Nordseeinseln Norderney und Baltrum laufen!

 Weser-Ems-Region:
Jedes dritte deutsche Schwein stammt aus Niedersachsen: Über 8 Mio. leben hier, also mehr Schweine als Einwohner!

 Walsrode:
Größter Vogelpark der Welt mit über 4000 Vögeln aus allen Kontinenten der Erde

 Gifhorn:
Internationales Wind- und Wassermühlenmuseum mit 16 Mühlen in Originalgröße und Ausstellungshalle mit 40 Mühlen-Modellen

 Münchehagen:
Fundort von über 250 versteinerten Dinosaurierspuren und weltweit größtes Dinosaurier-Freilichtmuseum (220 Dino-Modelle)

 # Brandenburg

Mecklenburg-Vorpommern

Niedersachsen

P O L E N

Das wahrscheinlich bekannteste Wahrzeichen Berlins ist das Brandenburger Tor.

 # Berlin

Hauptstadt:	Berlin
Einwohner:	3,4 Mio.
Landesfläche:	892 km²
Einwohner/km²:	3811

Damit ist Berlin ungefähr so groß wie Bahrain.

Der Spreewald ist eine Wald- und Moorlandschaft im Südosten von Brandenburg an der Grenze zu Polen. Hier sind die Ortsschilder zweisprachig.

Hauptstadt:	Potsdam
Einwohner:	2,52 Mio.
Landesfläche:	29 481 km²
Einwohner/km²:	85

Damit ist Brandenburg ungefähr so groß wie Armenien.

Doch die zweite Sprache ist nicht etwa Polnisch, wie viele glauben, sondern Sorbisch. Die Sorben lebten früher in großer Zahl in der Spreewaldregion. Sorbisch war hier einmal Alltagssprache, doch heute sprechen es nur noch etwa 20 000 Menschen.

Berlin ist nicht nur die Hauptstadt der Bundesrepublik Deutschland, sondern hat auch den Rang eines Bundeslandes. In seiner Landesflagge sieht man den Berliner Bären. Er ist seit dem 13. Jahrhundert das traditionelle Wappentier der Stadt. Der Name Berlin leitet sich laut Meinung einiger Sprachforscher von dem Wort „Bärlein" ab, also kleiner Bär.

Heute ist es kaum noch vorstellbar, aber der gesamte Westteil von Berlin war von 1961 bis 1990 von einer Mauer umgeben, wie ein großes Gefängnis. Diese als „Berliner Mauer" bekannte Grenze zur DDR sorgte für großes Leid. Viele Menschen starben bei Fluchtversuchen in den Westen, zahlreiche Familien wurden auseinandergerissen. Manche Familienangehörige, die in West- und Ostberlin wohnten, konnten sich fast 30 Jahre lang nicht besuchen.

 Museumsinsel:
Fünf der bedeutendsten Museen zu den Themen Kunst- und Technikgeschichte sowie Archäologie auf einem Fleck

 Reichstag:
Parlamentsgebäude des Deutschen Bundestags mit riesiger begehbarer Kuppel aus Glas

 Filmpark Babelsberg:
Kulissen und Requisiten aus bekannten Spielfilmen

 Spreewald:
Spannende Entdeckungstour mit Paddelboot oder Kanu auf den vielen Kanälen im UNESCO-Biosphärenreservat

Sachsen-Anhalt

Hauptstadt:	Magdeburg
Einwohner:	2,38 Mio.
Landesfläche:	20 448 km²
Einwohner/km²:	116

Damit ist Sachsen-Anhalt ungefähr so groß wie Slowenien.

Eulenspiegelturm des Bernburger Schlosses soll im 14. Jahrhundert der Narr und Volksheld Till Eulenspiegel gewohnt und als Turmbläser seine verrückten Späße getrieben haben.

Unter den vielen schönen alten Städten Sachsen-Anhalts ist Quedlinburg die bekannteste. Mehr als 1300 Fachwerkhäuser haben sich hier über die Jahrhunderte erhalten, sodass praktisch die gesamte Altstadt des Ortes unter Denkmalschutz steht.

Landeshauptstadt Sachsen-Anhalts ist Magdeburg. Die Stadt liegt inmitten der Magdeburger Börde. Eine Börde ist eine Region mit besonders fruchtbarem Boden, und die Äcker der Magdeburger Börde sind die fruchtbarsten in ganz Deutschland. Vor allem Weizen und Zuckerrüben werden hier angebaut.

Etwas weiter südlich liegt malerisch über dem Fluss Saale die Stadt Bernburg mit ihrer riesigen Schlossanlage. Ihr Name hat nichts mit „Bären" zu tun, doch das wussten offenbar die Schlossherren nicht und ließen 1860 ein Gehege anlegen, in dem auch heute noch zwei Braunbären gehalten werden. Im

Jedes Jahr zu Pfingsten wird in Quedlinburg ein mittelalterlicher Reichstag nachgestellt. Das Spektakel zieht Touristen aus ganz Deutschland an.

Harz:
Mit der Brockenbahn auf den mit 1161 m höchsten Berg im Norden Deutschlands

Bernburg:
Eulenspiegel-Turm, Bärenzwinger und Renaissanceschloss von Bernburg, bezeichnet als „Krone Anhalts"

Dessau:
UNESCO-Welterbe „Gartenreich Dessau-Wörlitz"

Halle/Saale:
Die älteste deutsche Schokoladenfabrik stellte hier 2008 die schwerste Mozartkugel der Welt (196,3 kg) her.

Sachsen

Mitten durch Sachsens Landeshauptstadt Dresden fließt die Elbe.
Wegen des hübschen Stadtpanoramas
und der vielen Brücken wurde die Stadt einst
liebevoll als „Elb-Florenz" bezeichnet. Leider wurde

Dresden bei Bombardierungen im
Zweiten Weltkrieg stark zerstört. Von
der berühmten Frauenkirche blieb
bis in die 1990er-Jahre hinein kaum
mehr als ein Schuttberg, der als
Mahnmal gegen Krieg und Gewalt
mitten in der Stadt lag. Erst 60 Jahre
nach Kriegsende wurde die Kirche
wiederaufgebaut. Seit 2005 ist sie
wieder Dresdens ganzer Stolz.
In Leipzig leitete Johann Sebastian
Bach den berühmten Thomanerchor. Die
„Thomaner", wie sich die Chormitglieder
nennen, sind ein Knabenchor. Jungen, die dort
mitsingen wollen, müssen eine hervorragende
Stimme haben, und sie müssen sich auch damit
abfinden, dass sie im Internat wohnen. Denn das
war schon zu Bachs Zeiten so: Alle Chormitglieder
wohnen zusammen unter einem Dach.

Was versteht man unter den „neuen Bundesländern"?

Oft ist von den „neuen Bundesländern" die
Rede, doch warum eigentlich? Bis 1990
war Deutschland geteilt in die Bundesrepublik
Deutschland (BRD) im Westen und die Deutsche
Demokratische Republik (DDR) im Osten. Damals
hatte die Bundesrepublik elf Bundesländer:
Baden-Württemberg, Bayern, Bremen, Hamburg,
Hessen, Niedersachsen, Nordrhein-Westfalen,
Rheinland-Pfalz, Saarland, Schleswig-Holstein
und Westberlin. Nach der Wiedervereinigung wur-
de das Gebiet der DDR angegliedert und die fünf
neuen Bundesländer Brandenburg, Mecklenburg-
Vorpommern, Sachsen, Sachsen-
Anhalt und Thüringen entstanden.
Bis heute hat sich daher der Aus-
druck von den „neuen" Bundes-
ländern gehalten.

Hauptstadt:	Dresden
Einwohner:	4,19 Mio.
Landesfläche:	18 419 km²
Einwohner/km²:	227

Damit ist Sachsen ungefähr so groß wie Fidschi.

Erst seit 2005 ist die über 90 m hohe Dresdner Frauenkirche wieder in ihrer ganzen Pracht zu bewundern.

 Meißen:
Vor 300 Jahren gründete
der Kurfürst von Sachsen
hier die erste Porzellan-
werkstatt in Europa.

 Radebeul:
Karl-May-Museum
in der „Villa Shatter-
hand"

 **Dresden (Grünes
Gewölbe):**
Kirschkern aus dem
16. Jahrhundert, in den
185 winzige Gesichter
eingeschnitzt sind

 Seiffen/Erzgebirge:
Einmalige, 6,30 m hohe
Weihnachtspyramide im
Inneren des Spielzeug-
museums

 # Thüringen

Thüringen liegt im Herzen Deutschlands. Am bekanntesten ist das Land wahrscheinlich für ein kulinarisches Highlight: die Thüringer Bratwurst. Die häufig kurz als „Thüringer" bezeichnete Wurst gibt es schon seit mehr als 600 Jahren. Von anderen Bratwürsten unterscheidet sie sich durch ihre spezielle Würzmischung, die Kümmel und Majoran beinhalten muss – sonst ist es eben keine echte „Thüringer". Ein Teil des Harzes, des höchsten Mittelgebirges Norddeutschlands, befindet sich auch in Thüringen. Weil der Harz für die meist von Westen heranziehenden Regenwolken wie eine „Sperre" wirkt, regnet es hier sehr oft. Deswegen wurden Stauseen angelegt, um das Wasser speichern zu können. Die Stadt Jena ist in der ganzen Welt bekannt für die Produktion hochwertiger optischer Geräte. Im Jahr 1846 fing alles mit einer kleinen

So isst man sie am liebsten, die Thüringer Bratwurst: mit Senf im Brötchen gleich vom Grill „auf die Hand".

Hauptstadt:	Erfurt
Einwohner:	2,26 Mio.
Landesfläche:	16 172 km²
Einwohner/km²:	139

Damit ist Thüringen ungefähr so groß wie Swasiland.

Werkstatt an, in der Lupen, Brillengläser und Mikroskope hergestellt wurden. Nach kurzer Zeit gelang es der Firma, die Qualität von Mikroskopen erheblich zu steigern, sodass sie schnell als der beste Anbieter für optische Instrumente galt. Ein Wahrzeichen Thüringens ist die 900 Jahre alte Wartburg, die in der Nähe der Stadt Eisenach liegt. Sie wurde weltberühmt, weil dort Martin Luther im Jahr 1521 in nur elf Wochen das Neue Testament der Bibel ins Deutsche übersetzt hat. Die Bibel gab es bis dahin nur in griechischer oder lateinischer Sprache zu lesen.

 1
Hainich:
Nationalpark und größter zusammenhängender Laubwald Deutschlands

 2
Eisenach:
Geburtsort des weltberühmten deutschen Komponisten Johann Sebastian Bach

 3
Oberweißbach:
Steilste Bergbahn der Welt auf normalen Eisenbahngleisen

Hessen

Hauptstadt:	Wiesbaden
Einwohner:	6,06 Mio.
Landesfläche:	21 115 km²
Einwohner/km²:	286

Damit ist Hessen ungefähr so groß wie Israel.

Der Frankfurter Flughafen ist der drittgrößte Flughafen Europas und landet im weltweiten Vergleich auf Platz 9.

In Hessen trinkt man keinen Wein, sondern „Woi". Und der wird hier vielerorts aus Äpfeln gekeltert ... Verzeihung, „Äppeln" – wie die Hessen mit ihrem Dialekt sagen. Das Getränk ist landauf, landab als „Äppelwoi" (Apfelwein) bekannt. Ein Weinschädling, die Reblaus, hatte einst viele Weinbauflächen vernichtet. Weil die Menschen trotzdem Wein trinken wollten, vergoren sie den guten Apfelsaft ihrer Region zu Apfelwein. Das alkoholarme Getränk ist sehr erfrischend und gilt als hessische Spezialität.

In Hessens südlicher Mitte liegt Frankfurt am Main. Die Stadt ist vor allem wegen ihrer vielen Banken und der Deutschen Börse bekannt. Da in den letzten beiden Jahrzehnten zahlreiche Hochhäuser gebaut wurden, fühlt man sich dort heute fast wie in einer amerikanischen Stadt. Wegen der vielen Wolkenkratzer wird Frankfurt deswegen scherzhaft auch „Mainhattan" genannt. Pate für diesen Ausdruck stand der wegen seiner Wolkenkratzer berühmte New Yorker Stadtteil Manhattan.

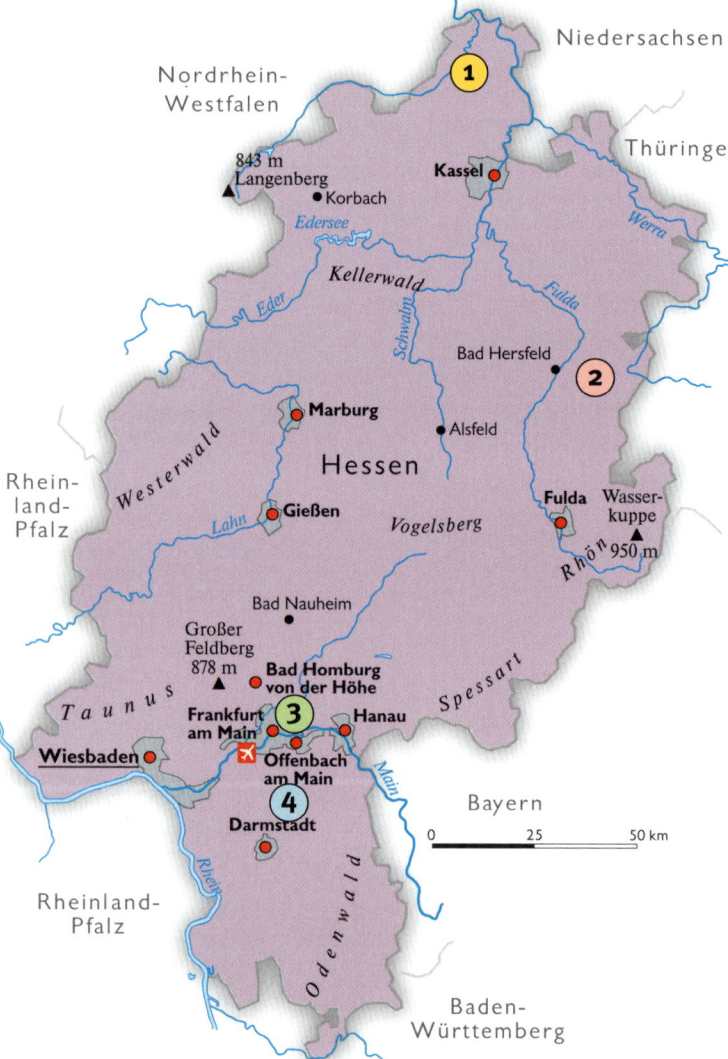

Wo liegt der größte Flughafen Deutschlands?

Der Flughafen Frankfurt am Main ist mit Abstand der größte deutsche Flughafen. Jedes Jahr reisen von dort etwa 53 Millionen Menschen per Flugzeug in alle Welt. Das Areal des Flughafens umfasst rund 21 km² und ist mit rund 350 Gebäuden bebaut. Ungefähr 73 000 Menschen aus mehr als 70 Ländern arbeiten im und für den Flughafen. Im Prinzip ist dieser riesige Betrieb eine eigene kleine Stadt für sich und wird von der Stadt Frankfurt am Main auch als eigener Stadtteil geführt.

 Hofgeismar:
Eines der bekanntesten Märchenschlösser ist das „Dornröschenschloss" Sababurg im Reinhardswald.

 Schenklengsfeld:
Mitten im Ort steht der älteste Baum Deutschlands, eine Linde mit einem Alter von etwa 1120 Jahren.

 Frankfurt am Main:
Das Senckenbergmuseum bietet die umfangreichste Ausstellung echter Dinosaurierskelette in Deutschland.

 Grube Messel:
UNESCO-Weltnaturerbe und Fundort von Hunderten bedeutender Fossilien

Nordrhein-Westfalen

Hauptstadt:	Düsseldorf
Einwohner:	17,93 Mio.
Landesfläche:	34 088 km²
Einwohner/km²:	525

Damit ist Nordrhein-Westfalen ungefähr so groß wie Belgien.

Südlich vom Ruhrgebiet, im malerischen Rheinland, liegen die ehemalige Bundeshauptstadt Bonn, die Landeshauptstadt Düsseldorf und die Stadt Köln, die schon vor über 2000 Jahren von den Römern gegründet wurde. Der Kölner Dom, dessen Bau im Mittelalter begann und erst im 19. Jahrhundert endete, ist in der ganzen Welt berühmt.

Im Westen Nordrhein-Westfalens liegt das Ruhrgebiet. Der „Pott" war einst das deutsche Industrie- und Bergbauzentrum. Dort wurden Braun- und Steinkohle abgebaut und Stahl erzeugt. Weil Kohle in anderen Ländern billiger gefördert werden kann, haben sich nur wenige Bergwerke erhalten. Viele der Menschen, die einst wegen der Arbeitsplätze ins „Revier" gezogen waren, wurden arbeitslos. Wegen der Industrieanlagen beziehungsweise der vielen Abgase war die Luftqualität hier früher sehr schlecht. Da in den letzten 20 Jahren allerdings einige ehemalige Zechen und Gruben zu Grünflächen umgewandelt wurden, können die Bewohner heute mit Stolz sagen, dass ihr Ruhrpott zu den Stadtregionen mit den meisten Parks und Grünanlagen gehört.

Die Zeche Zollverein mit ihrem Förderturm namens „Doppelbock" ist heute ein Industriemuseum, in dem man viel über den Bergbau im Ruhrgebiet erfahren kann.

 Porta Westfalica:
Stätte des berühmten Weserdurchbruchs zwischen Wiehengebirge und Wesergebirge

 Detmold:
Deutschlands größtes Freilichtmuseum zeigt das bäuerliche Leben der Vergangenheit auf über 90 ha Fläche.

 Xanten:
Der Römerpark Xanten ist das größte archäologische Freilichtmuseum Deutschlands.

 Ruhrgebiet:
Größter Ballungsraum Deutschlands mit mehr als 5 Mio. Einwohnern

Rheinland-Pfalz

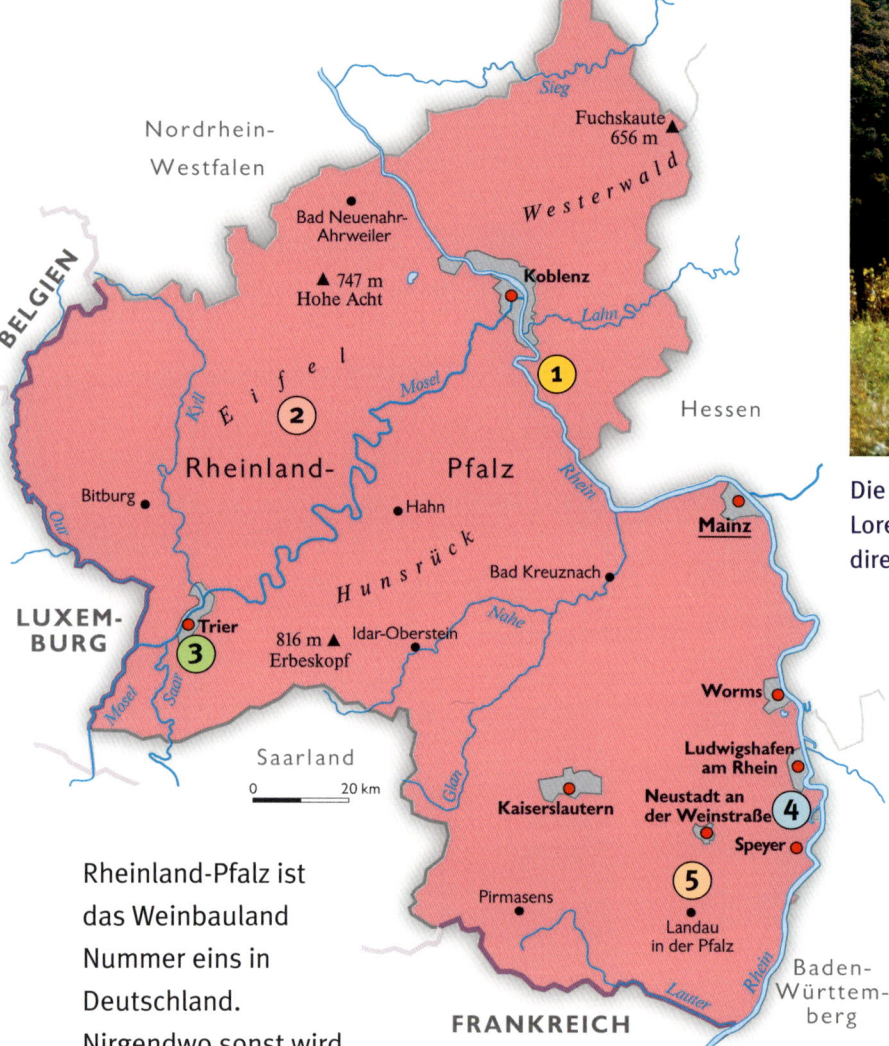

Nordrhein-
Westfalen

BELGIEN

Fuchskaute ▲
656 m

Westerwald

Bad Neuenahr-
Ahrweiler

▲ 747 m
Hohe Acht

Koblenz

①

Eifel

②

Rheinland-   Pfalz

Hessen

Bitburg

Hahn

Lahn

Rhein

Hunsrück

Mainz

Bad Kreuznach

LUXEM-
BURG

Trier

③

816 m ▲
Erbeskopf

Idar-Oberstein

Nahe

Worms

Saarland

0   20 km

Kaiserslautern

Neustadt an
der Weinstraße

Ludwigshafen
am Rhein

④

Speyer

⑤

Pirmasens

Landau
in der Pfalz

Baden-
Württem-
berg

FRANKREICH

Die Burg Katz befindet sich ganz in der Nähe des Loreley-Felsens. Sie wurde um 1360 erbaut – in direkter Nachbarschaft zur Burg Maus!

Rheinland-Pfalz ist das Weinbauland Nummer eins in Deutschland. Nirgendwo sonst wird mehr Wein erzeugt; deswegen gibt es hier besonders viele Weinberge. Die Gegend entlang des Rheins steht bei Touristen hoch im Kurs und wurde bereits von zahlreichen Malern, Dichtern und Komponisten besonders geschätzt. Robert Schumann schrieb hier seine „Rheinische Sinfonie", und Richard Wagner bezog eine Sage um die Rheintöchter Wellgunde, Woglinde und Floßhilde in seine Oper „Das Rheingold" ein. Eine besondere Legende verbindet sich mit dem Loreley-Felsen bei der Stadt St. Goarshausen: Weil an dieser gefährlichen Flussstelle früher viele Schiffe sanken, kam die Sage von der Wassernixe Loreley auf. Von ihr wurde behauptet, dass sie mit ihrem bezaubernden Gesang die Rheinschiffer in Richtung des gefährlichen, felsigen Ufers lockte, wo deren Schiffe dann zerschellten. Seit 1982 hört man hier allerdings ganz andere Klänge, denn seit dem Jahr finden auf der Loreley alljährlich große Rock-Open-Air-Festivals statt.

Hauptstadt:	Mainz
Einwohner:	4,02 Mio.
Landesfläche:	19 854 km²
Einwohner/km²:	202

Damit ist Rheinland-Pfalz ungefähr so groß wie Slowenien.

 1
Rheintal:
Eine der schönsten Flusslandschaften Deutschlands mit dem berühmten Loreley-Felsen bei St. Goarshausen

 2
Vulkaneifel:
Einzige Region Deutschlands mit aktivem Vulkanismus (Geysire, heiße Quellen, vulkanische Gase)

 3
Trier:
Das römische Stadttor Porta Nigra ist fast 2000 Jahre alt. Damals war Trier Sitz der römischen Kaiser.

 4
Speyer:
Großes Technikmuseum mit über 175 000 m² Ausstellungsfläche und russischer Weltraumfähre BURAN

 5
Pfälzerwald:
Größtes deutsches Waldgebiet; spektakulär: Baumwipfelpfad Fischbach (in bis zu 35 m Höhe)

Saarland

Hauptstadt:	Saarbrücken
Einwohner:	1,03 Mio.
Landesfläche:	2569 km²
Einwohner/km²:	400

Damit ist das Saarland ungefähr so groß wie
Luxemburg.

An Luxemburg und Frankreich grenzt das Saarland.
Viele Kinder, die hier zur Schule gehen, belegen als
erste Fremdsprache nicht Englisch, sondern
Französisch.

Das Saarland gehörte nicht immer zu Deutschland:
In den letzten 200 Jahren war das Land mal ein Teil
von Frankreich, mal ein Teil von Deutschland. Eine
Weile hatte es eine eigene Regierung und die
Saarländer besaßen auch eigene Pässe. Im Jahr
1952 trat das Saarland sogar mit einer eigenen
Olympischen Mannschaft bei den Olympischen
Spielen in Finnland auf. Erst 1957 kam es dann als
letztes der alten Bundesländer zu Deutschland
dazu.

Das Saarland ist neben dem Ruhrgebiet in Nordrhein-Westfalen die einzige Region Deutschlands,
in der Steinkohle abgebaut werden kann. Vor allem
in der Mitte des Landes findet man bis heute die
typischen Gebäude der Bergbaubetriebe. Und wo
Kohle abgebaut wird, ist auch die Stahlindustrie
meist nicht weit.
Ein beeindruckendes Überbleibsel aus der Hoch-
phase der Stahlindustrie ist die Völklinger Hütte.
Dieser riesige Industriekomplex, in dem noch bis in
die späten 1980er-Jahre hinein Eisen und Stahl
erzeugt wurden, ist heute ein geschütztes Denkmal, das jeder besuchen kann. Die UNESCO erhob
die Völklinger Hütte 1994 in den Rang eines Welt-
kulturerbes der Menschheit. Das ganze Jahr über
finden hier Ausstellungen und Veranstaltungen für
Groß und Klein statt.

Der Fluss Saar gab dem Saarland seinen Namen. Hier im Bild sieht
man die berühmte Große Saarschleife.

Große Saarschleife:
Landschaftlich schönster
Aussichtspunkt und Wahr-
zeichen des Saarlands

Völklingen:
Bedeutendes Industriedenkmal
und UNESCO-Welterbe Eisenwerk
„Völklinger Hütte"

Blieskastel:
Größter Hinkelstein Mitteleuropas: Der Gollenstein
ist ungefähr 4000 Jahre alt
und 6,58 m hoch.

Baden-Württemberg

Im Ort Triberg im Schwarzwald steht die größte Kuckucksuhr der Welt; sie ist so groß wie ein Wohnhaus!

0   25   50 km

Hessen

Bayern

Rheinland-Pfalz

FRANKREICH

Mannheim ①
Heidelberg
Sinsheim
Kraichgau
Karlsruhe
Baden-
Pforzheim
Baden-Baden
Hornisgrinde 1164 m ▲
Offenburg
Freiburg im Breisgau
Feldberg 1493 m ▲
Belchen 1414 m
Lörrach

Bad Mergentheim
Hohenloher Ebene
Heilbronn
Schwäbisch Hall
Schwäbisch Gmünd
Stuttgart ②
Böblingen
Tübingen
Reutlingen
Ulm
Württemberg
Schwäbische Alb ③
Donau
Biberach an der Riß
Alpenvorland
Ravensburg
Konstanz Friedrichshafen
Bodensee ④

SCHWEIZ

Bayern

sportler jede Menge Urlaubsmöglichkeiten. Für viele Besucher aus dem Ausland ist der Schwarzwald Sinnbild für die deutsche „Gemütlichkeit" – auch wenn Kuckucksuhren und Bollenhüte nur noch wegen der Touristen vorgeführt werden. Der Obstanbau ist am Bodensee bedeutsam, dem größten See Deutschlands. Obst vom Bodensee gilt als hochwertig und besonders schmackhaft. In Friedrichshafen wurde der Zeppelin entwickelt und auch gebaut. Bis Ende der 1930er-Jahre waren Zeppeline aus Baden-Württemberg in der ganzen Welt gefragte Luftverkehrsmittel.

In Baden-Württemberg gibt es entlang der französischen Grenze, am Bodensee und bei Stuttgart viele Weinberge. Rund um Stuttgart existiert zudem eine der modernsten Wirtschaftsregionen mit weltweit wichtigen Unternehmen.
Der Schwarzwald, eines der größten Mittelgebirge Deutschlands, bietet für Wanderer und Winter-

Hauptstadt:	Stuttgart
Einwohner:	10,75 Mio.
Landesfläche:	35 751 km²
Einwohner/km²:	300

Damit ist Baden-Württemberg ungefähr so groß wie Taiwan.

Wer hat das Auto erfunden?

Diese einfache Frage ist gar nicht so leicht zu beantworten, denn so ungewöhnlich es klingt: Das Auto wurde im Jahr 1886 gleich zweimal erfunden. Sowohl Gottlieb Daimler in Cannstatt bei Stuttgart als auch Carl Benz in Mannheim hatten unabhängig voneinander und fast zeitgleich diese Idee. Der annähernd einzige Unterschied war, dass Daimlers „Motorkutsche" vier Räder hatte, Benz' „Motorwagen" aber nur drei. Mittlerweile wird die Entwicklung des ersten Automobils deswegen gleichberechtigt beiden Erfindern zuerkannt.

 Hockenheimring:
Veranstaltungsort des „Großen Preis von Deutschland" der Formel 1

 Wilhelma Stuttgart:
Mit ungefähr 1000 verschiedenen Tierarten und rund 6000 Pflanzenarten einer der artenreichsten Zoos weltweit

 Burg Hohenzollern:
Eine der imposantesten Burganlagen Deutschlands im neugotischen Stil

 Bodensee:
Größter See Deutschlands mit über 530 km² Fläche

Bayern

Vielen Norddeutschen fällt in Bayern zuerst die Sprache auf, denn oft wird Bairisch (mit „i"!) gesprochen, ein markanter Dialekt.

Hauptstadt:	München
Einwohner:	12,52 Mio.
Landesfläche:	70 552 km²
Einwohner/km²:	177

Damit ist Bayern ungefähr so groß wie Irland.

Weltberühmt ist Bayerns Hauptstadt München mit ihren vielen prächtigen Bauten und Plätzen und dem alljährlich dort stattfindenden Oktoberfest. Trotz seines Namens wird es schon im September gefeiert, und zwar auf der Theresienwiese – die Münchener sprechen einfach nur von der „Wiesn", und jeder weiß, was gemeint ist. Sechs Millionen Menschen besuchen jedes Jahr das Oktoberfest. Bei so

vielen Besuchern ist es kein Wunder, dass jährlich über 100 ganze Ochsen verzehrt werden, die in der traditionellen „Ochsenbraterei" auf den Grill kommen. Bayern ist neben Sachsen übrigens ein „Freistaat", also eigentlich eine selbstständige kleine Republik. Die bayerische Landesregierung darf sich deshalb offiziell auch „Staatsregierung" nennen.

Weshalb tragen Bayern manchmal eine Lederhose?

Die Lederhose war in Bayern früher die traditionelle, robuste Arbeitshose der Landbevölkerung. Es gab kurze Lederhosen für den Sommer und Hosen, die bis über das Knie reichten, für den Winter. Den unteren Teil des Beins ab dem Knie kleidete man in dicke, lange Wollstrümpfe. Inzwischen trägt man natürlich auch in Bayern bei der Landarbeit längst Overalls oder Arbeitshosen aus Stoff. Doch bei Volksfesten ziehen viele Bayern immer noch gerne eine Lederhose an, weil sie das als „typisch" für die Region empfinden oder dadurch an die „gute alte Zeit" erinnern möchten.

Das Münchener Oktoberfest ist mit Abstand das größte Volksfest der Welt.

Coburg:
Erster Aufzug und erstes Wasserklosett Deutschlands in Schloss Ehrenburg

Nürnberg:
Eines der größten und bekanntesten Spielzeugmuseen der Welt

Nationalpark Bayerischer Wald:
Ältester Nationalpark Deutschlands mit weitgehend naturbelassenen Wäldern

Europa

Deutschland gehört zum Erdteil – oder Kontinent – Europa. Egal ob man Badeurlaub am Schwarzen Meer, Wanderurlaub in den Alpen oder „Bed and Breakfast" in Irland gebucht hat: Bei allen drei Aktivitäten bewegt man sich innerhalb Europas. Das macht klar, wie vielfältig dieser Erdteil ist. Europa ist eigentlich ein ziemlich kleiner Kontinent, nur Australien ist noch kleiner.

Seine Landmasse, die an den Erdteil Asien grenzt und genau genommen zur riesigen Landmasse Eurasien gehört, erscheint auf der Landkarte betrachtet eher „breit" als „hoch" und ist an drei Seiten von Meeren umgeben: Im Norden von Europa liegt die Nordsee, im Süden das Mittelmeer und im Westen der Atlantische Ozean. Vor allem diese Meere sorgen dafür, dass es innerhalb Europas kaum Gegenden mit zu trockenem oder zu feuchtem Klima gibt. Im direkten Vergleich mit anderen Erdteilen kann man feststellen: Wir Europäer haben es fast überall relativ „komforta-bel". Das gemäßigte Klima führt auch dazu, dass es in Mitteleuropa häufig sehr fruchtbare Böden und genug Niederschlag gibt. Daher weist unser Kontinent eine beeindruckende Vielfalt an landwirt-

Pointe du Raz heißt der westlichste Punkt Kontinental-europas. Er liegt in der französischen Provinz „Finistère", was auf deutsch „Ende der Welt" bedeutet.

schaftlichen Erzeugnissen auf: Egal ob Kartoffel oder Kaktusfeige – es wächst unter europäischem Himmel.

Lediglich im äußersten Süden und Norden zeigt Europa seine extremen Seiten. Der Inselstaat Malta, der südlicher als Tunesiens Hauptstadt Tunis liegt, gilt als eines der wasserärmsten Länder der Nordhalbkugel. Hier muss man Meerwasser

Der am südlichsten gelegene Staat Europas ist die Inselrepublik Malta im Mittelmeer. Hier wurden schon viele weltberühmte Filme gedreht, weshalb man die Insel auch scherzhaft „Mini-Hollywood" nennt.

In keiner anderen Gegend Europas gibt es so viele Tier- und Pflanzenarten wie in den Alpen. Im Bild zu sehen ist das Kleine Walsertal in den Allgäuer Alpen.

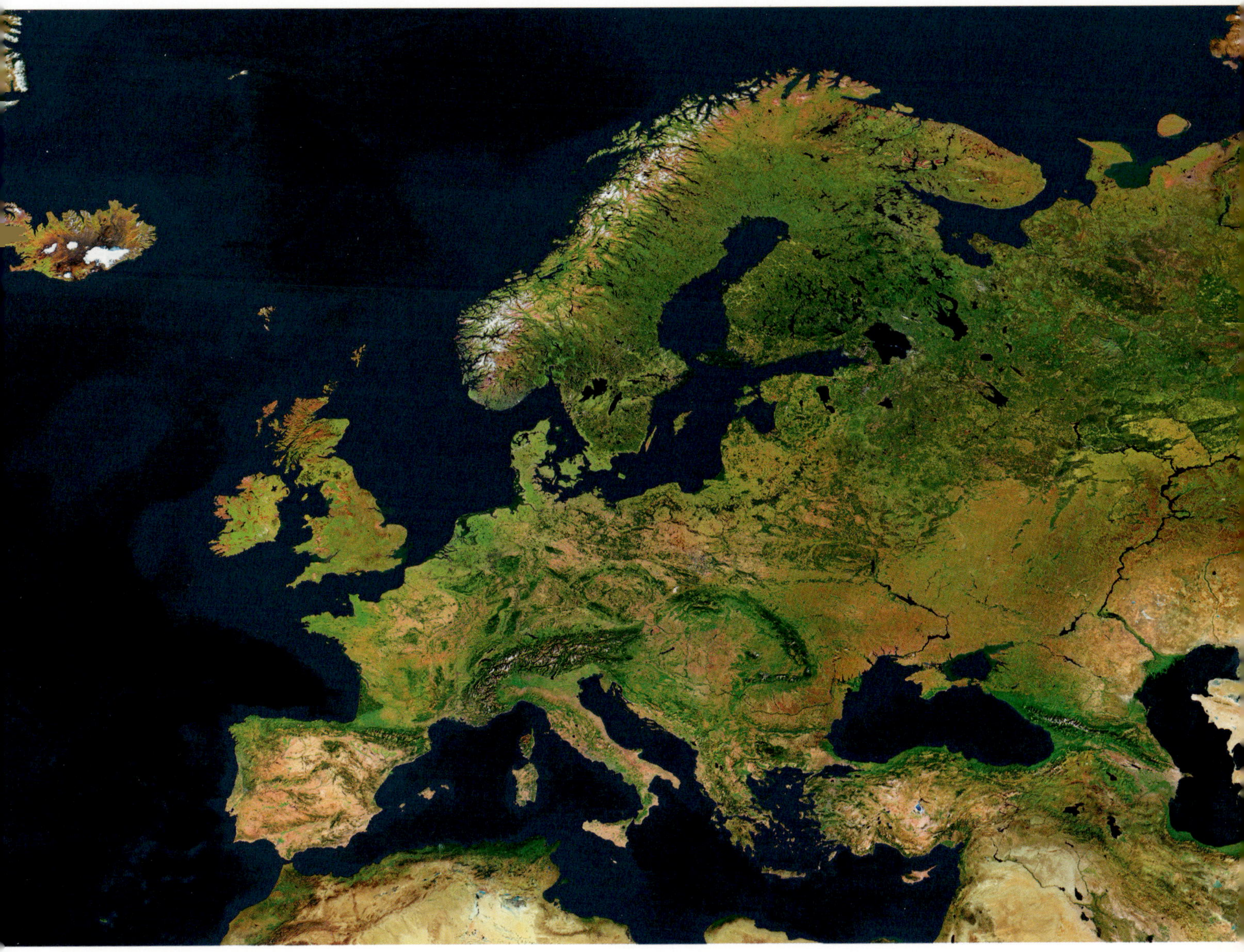

entsalzen, um den Wasserbedarf der Bevölkerung stillen zu können. Und hoch oben im Norden erstreckt sich mit Grönland die größte Insel der Erde, die auch eine der kältesten sein dürfte, denn sie ist ganzjährig von Schnee und Eis bedeckt. Viele der höchsten Gebirge Europas liegen in Südeuropa. Zwar gibt es auch in Nordeuropa Berge, diese sind aber weniger hoch. Das hat folgenden Grund: Europa liegt auf der sogenannten europäischen Kontinentalplatte. Und Afrika,

welches sich südlich von Europa befindet, liegt ebenso auf einer Kontinentalplatte, nämlich der afrikanischen. Im Mittelmeerraum treffen die beiden Kontinentalplatten aufeinander. Im Laufe vieler Millionen Jahre kommt es dadurch zu Verschiebungen der Landmassen. Dabei kann es passieren, dass die Landmassen regelrecht in die Höhe gepresst, also aufgefaltet werden. Viele der südeuropäischen Gebirge nennen wir daher Faltengebirge.

Heute kann man sich kaum noch vorstellen, dass Europa der Kontinent ist, der die meisten Kriege geführt hat. Nicht nur beide Weltkriege gingen von hier aus, sondern auch zahllose kleine und große regionale Konflikte, wie etwa der Dreißigjährige Krieg im 17. Jahrhundert, haben Europa Jahrhunderte lang nicht zur Ruhe kommen lassen. Die Zeit des friedlichen Zusammenlebens währt erst rund 65 Jahre. Nicht zuletzt wurde das durch eine gemeinsame Europapolitik mehrerer europäischer Länder ermöglicht, die sich zur Europäischen Union (EU) zusammengeschlossen haben.

Die Europäische Union vereinigt 27 der 46 europäischen Länder. Die EU-Staaten arbeiten gemeinsam an den Antworten zu vielen politischen, wirtschaftlichen und sozialen Fragen. Es gibt ein Europäisches Parlament, das direkt von den Bürgern der europäischen Länder gewählt wird. Dort werden wichtige Entscheidungen besprochen und Gesetze erlassen. Außerdem gibt es den „Rat der EU", in dem die einzelnen Mitgliedsstaaten vertreten sind,

Die Europäische Union (EU) umfasst gegenwärtig 27 Staaten, deren Flaggen alle vor dem EU-Parlament in Straßburg wehen. Die blaue Flagge mit dem Sternenkranz ist die Flagge der EU.

sowie die Europäische Kommission, die die Interessen der EU gegenüber anderen Ländern in der Welt vertritt. Der Europäische Gerichtshof achtet drauf, dass die Gesetze eingehalten werden.

Trotz der unruhigen Vergangenheit war Europa besonders in kultureller und wissenschaftlicher Hinsicht so produktiv wie kein anderer Erdteil. Von den griechischen Mathematikern und Philosophen

Kein Kontinent ist dichter besiedelt als Europa, und nirgendwo gibt es mehr Straßen. Das führt dazu, dass die Natur Mitteleuropas vielerorts stark zurückgedrängt wurde.

Wo kann man mit dem Euro bezahlen?

Der Euro ist die Gemeinschaftswährung der Staaten, die der sogenannten Euro-Zone angehören. Jeder EU-Staat kann sich darum „bewerben", dass seine Landeswährung auf Euro umgestellt wird – falls das nicht schon der Fall ist. Dafür muss das Land gewisse Voraussetzungen erfüllen; zum Beispiel darf es nicht zu stark verschuldet sein. Bislang gibt es den Euro in 17 EU-Staaten, darunter Deutschland und Österreich. Aber auch Kleinstaaten wie Malta und Zypern haben eigenes Euro-Geld.

 1

Nordkap:
In Norwegen liegt der nördlichste Punkt Europas.

 2

Wolga:
Der längste Fluss Europas (3530 km) mündet ins Kaspische Meer.

 3

Calais-Folkestone:
Der längste Eisenbahntunnel Europas, der Ärmelkanaltunnel (50 km), verbindet Frankreich mit England.

 4

Brüssel:
Neben Straßburg und Luxemburg einer der drei Sitze der Europäischen Union.

Grönland (dän.)

Jan Mayen (norw.)

Europäisches Nordmeer

Barentssee

ISLAND
■ **Reykjavík**

Färöer (dän.)

Shetlandinseln

RUSSLAND (Europäischer Teil)

Nordsee

NORWEGEN

SCHWEDEN

FINNLAND

■ **Helsinki**

■ **Stockholm**

■ **Oslo**

ESTLAND

Gotland

LETTLAND

Ostsee

LITAUEN

(zu Russland)

■ Moskau

GROSSBRITANNIEN UND NORDIRLAND

DÄNEMARK

■ **Kopenhagen**

WEISS-RUSSLAND

IRLAND

NIEDER-LANDE

■ **Berlin**

■ **Warschau**

Dublin ■

■ **London**

BELGIEN

DEUTSCH-LAND

POLEN

Kiew ■

LUX.

TSCHECH. REP.

UKRAINE

ATLANTISCHER

■ **Paris**

Wien ■

SLOWAK. REP.

LI. **ÖSTERREICH**

OZEAN

FRANKREICH

SCHWEIZ

SLOWENIEN

UNGARN

MOLDAWIEN

KROATIEN

RUMÄNIEN

Aralsee

SAN MARINO

MONACO

BOS.

SERBIEN

■ **Belgrad**

Schwarzes Meer

ANDORRA

VATIKAN

STADT

MON. KOS.

BULGARIEN

Korsika

■ **Rom**

MAK.

Kaspisches Meer

SPANIEN

Balearen

ITALIEN

ALB.

Azoren (port.)

PORTUGAL

Sardinien

GRIECHEN-LAND

■ **Ankara**

■ **Madrid**

TÜRKEI

Lissabon ■

M I T T E L M E E R

Sizilien

■ **Athen**

MALTA

Kreta

ZYPERN

0   1

über die berühmten Dichter und Komponisten der Klassik bis hin zu modernen Popgruppen und wissenschaftlichem Hightech: Europa hat die ganze Welt mit seinen Erfindungen beeinflusst. Das liegt aber auch daran, dass Seefahrer von Europa aus seit dem 15. Jahrhundert in alle Richtungen aufgebrochen sind und begonnen haben, Völker anderer Kontinente zu unterwerfen und ihnen ihren Glauben und ihre Wert-

vorstellungen aufzuzwingen. Kein Erdteil ist von dieser „Europäisierung" der Erde ausgenommen gewesen. Die Europäer ließen sich an fast allen Küsten, an denen es etwas „zu holen" gab, nieder und gründeten Kolonien, also Siedlungen in fernen Ländern, die der eigenen Machtausweitung dienen sollten. Erst im 20. Jahrhundert änderte sich diese Situation und die meisten ehemaligen Kolonien wurden zu unabhängigen Staaten.

 Straßburg:
In der französischen Stadt Straßburg befindet sich das Europa-Parlament, in dem über die Politik der Europäischen Union debattiert wird.

 Frankreich/Italien:
Der 4809 m hohe Montblanc ist der höchste Berg Europas.

 Rom:
Der Petersdom ist die größte Kirche der Christenheit. 20 000 Menschen haben darin Platz.

 Lissabon:
Ponte Vasco da Gama: längste Brücke Europas (17,18 km)

 # Belgien

Hauptstadt:	Brüssel
Einwohner:	10,4 Mio.
Landesfläche:	30 528 km²

 # Luxemburg

Hauptstadt:	Luxemburg
Einwohner:	451 600
Landesfläche:	2586 km²

An Feiertagen und beim Fußball ziehen sich die Niederländer orangefarbene Kleidung an. Aber warum ausgerechnet orange? Königin Beatrix stammt vom Königshaus Oranien-Nassau ab. Und das wird im Niederländischen mit dem Begriff „Oranje" bezeichnet. Auch der rote Streifen in der niederländischen Flagge war bis ins 16. Jahrhundert orange gefärbt. Erst ein Produktionsfehler führte später zum roten Streifen.

Obwohl Belgien ein kleines Land ist, wurden hier einige weltweit bedeutende Produkte entwickelt – das Saxophon zum Beispiel. Es ist die Erfindung des Brüsseler Instrumentenbauers Adolphe Sax. Auch die Comicfiguren Lucky Luke, die Schlümpfe sowie Tim und Struppi wurden von belgischen Zeichnern geschaffen.

Belgien, die **Niederlande** und **Luxemburg** werden nach ihren Anfangsbuchstaben als „Benelux-Staaten" bezeichnet. In Belgien spricht man im Norden Niederländisch und im Süden Französisch. Luxemburg hat seine eigene Sprache: Lëtzebuergesch. Doch auch Deutsch und Französisch wird hier verstanden.

Wer hat die Pommes frites erfunden?

Die Wörter „Pommes frites" sind Französisch und bedeuten „frittierte Kartoffeln". Die Amerikaner nennen sie „French Fries", also „französische Fritten". Haben etwa die Franzosen die Pommes erfunden? In einem Buch von 1781 steht, dass die Einwohner der Stadt Namur im Winter Kartoffelstäbchen in heißes Fett warfen, um sie zu frittieren. Sie waren also die Erfinder der knusprigen Kartoffelstäbchen! Namur liegt heute in Belgien, doch 1781 gab es den Staat Belgien noch nicht. Damals waren die Pommes-Erfinder noch Niederländer, denn Namur gehörte zu den Österreichischen Niederlanden. Eines ist immerhin sicher: Franzosen haben die Pommes frites nicht erfunden.

 # Niederlande

Hauptstadt:	Amsterdam
Regierungssitz:	Den Haag
Einwohner:	16,3 Mio.
Landesfläche:	41 528 km²

 Amsterdam:
165 Grachten machen Amsterdam zu einer Stadt, in der der Verkehr sowohl zu Wasser als auch zu Lande funktioniert.

 Brüssel:
Das Atomium ist seit über 50 Jahren Wahrzeichen der belgischen Hauptstadt.

 Luxemburg:
Nach Malta zweitkleinster Staat in der Europäischen Union

Frankreich

Hauptstadt:	Paris
Einwohner:	59,6 Mio.
Landesfläche:	543 965 km²

In Paris, der Hauptstadt von **Frankreich,** steht der berühmte Eiffelturm. Er wurde zur Eröffnung der Weltausstellung 1889 fertiggestellt. Erbauer war der französische Architekt und Ingenieur Gustave Eiffel, der übrigens noch ein weltbekanntes Wahrzeichen schuf: die Freiheitsstatue in New York.

Das sonnenverwöhnte Frankreich wird aber auch geschätzt für seine Spezialitäten. Das Klima für Weintrauben, Weizen und Wiesen ist hier optimal. Da ist es kein Wunder, dass die landwirtschaftlichen Erzeugnisse des Landes etwas für Feinschmecker sind, die man auf Französisch als Gourmets bezeichnet.

Ähnlich wie in Belgien sind in Frankreich Comics sehr beliebt. Die beiden Gallier Asterix und Obelix

sowie der kleine Nick wurden hier erfunden. Sie haben eines gemeinsam: Die witzigen Texte ihrer Bücher wurden von dem französischen Autor René Goscinny geschrieben.

Wer war das Vorbild für Asterix und Obelix?

Asterix und Obelix, die unbesiegbaren Gallier, kennt jedes Kind. Doch natürlich haben sie nicht wirklich gelebt, sondern sind der Fantasie ihres Schöpfers Albert Uderzo entsprungen, der sie 1959 als Comicfiguren erfand. Als historisches Vorbild diente Uderzo dabei Vercingetorix, ein gallischer Häuptling, der es schaffte, alle Völker auf dem Gebiet des heutigen Frankreich zu einem gemeinsamen Aufstand gegen die Römer anzustacheln. Doch unbesiegbar war er nicht: Im Jahr 52 v. Chr. wurden seine Truppen von Julius Cäsars Armee vernichtend geschlagen.

Monaco

Monaco ist ein kleines Fürstentum, das vor allem durch die prominente Fürstenfamilie und ein jedes Jahr mitten in der Hauptstadt stattfindendes Formel-1-Rennen von sich reden macht.

Hauptstadt:	Monaco
Einwohner:	33 000
Landesfläche:	1,95 km²

Paris:
Der Eiffelturm, das Wahrzeichen von Paris, ist 276 m hoch.

Arcachon:
Größte Düne Europas ist die Düne von Pyla: 3 km lang, 300 m breit und zwischen 100 und 120 m hoch.

Monaco:
Das Formel-1-Rennen „Grand Prix von Monaco" ist das einzige Autorennen mitten in einer Stadt.

Andorra

Hauptstadt:	Andorra la Vella
Einwohner:	83 900
Landesfläche:	468 km²

geplant, doch Christoph Kolumbus stieß bei der Suche nach Indien mehr oder weniger zufällig auf Amerika. Spanien ist das Lieblingsurlaubsland der Deutschen. Vielleicht liegt das daran, dass dort im Sommer fast immer die Sonne scheint. In Portugal herrscht ein kühleres und feuchteres Klima. Das liegt an Portugals Lage am Atlantik, einem relativ kalten Ozean. Spanien hingegen grenzt mit seiner Küste ans Mittelmeer, das sich durch seine „eingezwängte" Lage zwischen den Kontinenten Afrika und Europa viel

Portugal

stärker aufheizen kann – und das macht sich auch auf dem Land bemerkbar.

Hauptstadt:	Lissabon
Einwohner:	10,7 Mio.
Landesfläche:	92 090 km²

Spanien, Portugal und **Andorra** heißen die Länder, die größtenteils auf der iberischen Halbinsel liegen. Das kleine Fürstentum Andorra bildet die Ausnahme: Es liegt in den Pyrenäen und grenzt zur einen Seite an Spanien und zur anderen an Frankreich. Spanien und Portugal waren in der Vergangenheit große Seefahrernationen. In ständigem Konkurrenzkampf befuhren ihre Kapitäne die Weltmeere, um einen Seeweg nach Indien zu entdecken. Zwar gelang das nicht wie

Das Bodenmosaik am Denkmal der Entdeckungen in Lissabon zeigt eine riesengroße aufgeschlagene Landkarte mit den Routen der portugiesischen Entdecker.

Spanien

Hauptstadt:	Madrid
Einwohner:	44 Mio.
Landesfläche:	506 030 km²

 Barcelona:
Die Kathedrale „Sagrada Familia" ist UNESCO-Welterbe und eine der architektonisch ungewöhnlichsten Kirchen der Welt.

 Lissabon:
Das „Ocenário de Lisboa" ist das größte Schauaquarium Europas.

 La Gomera (Kanarische Inseln):
Die Pfeifsprache „el silbo" ist Pflichtfach auf la Gomera – erfunden wegen der vielen Schluchten auf der Vulkaninsel.

 Teneriffa (Kanarische Inseln):
Der Pico de Teide ist mit 3718 m der höchste Berg Spaniens.

Italien

Hauptstadt:	Rom
Einwohner:	58,1 Mio.
Landesfläche:	301 341 km²

Haben die Italiener das Speiseeis erfunden?

Wer im Sommer ein leckeres Eis essen will, geht „zum Italiener". Fast alle Eisdielen haben italienische Inhaber. Doch haben Italiener das Speiseeis auch erfunden? Noch früher als die Römer, die die Vorfahren der Italiener waren, kannten die Chinesen ein Gemisch aus zerstoßenem Eis, Früchten und Honig – dem heutigen Speiseeis nicht unähnlich. Also hatte man bereits vor über 5000 Jahren in China Eis genascht. Die Italiener haben viel später die Rezepte aber so perfektioniert, dass sich alle einig sind: Das italienische Eis ist doch das beste!

Eine besondere Sehenswürdigkeit ist die Stadt Venedig im Nordosten Italiens. Denn ihre historische Altstadt liegt auf über 100 kleinen Inseln. Zwischen den schönen alten Gebäuden gibt es zahlreiche Kanäle, auf denen man mit Booten oder Gondeln fahren kann. Die Republik **Malta** ist ein kleiner Inselstaat mit der namensgebenden Hauptinsel Malta und weiteren kleineren Inseln, die alle im Mittelmeer liegen. **San Marino** befindet sich im Osten Italiens nahe der adriatischen Küste. Es ist die älteste Republik weltweit mit einer über 1700 Jahre alten Geschichte!

Die **Vatikanstadt** ist der Bereich in Rom, in dem der Papst und sein Gefolge residieren. Dieser Stadtteil Roms bildet einen eigenen Staat und ist mit seiner Landesfläche von nur 0,44 km² das kleinste Land der Erde.

Italien liegt auf der nach einem Gebirge benannten Appenninhalbinsel, die auf der Landkarte wie ein Stiefel aussieht. In der Antike, vor rund 2000 Jahren, gehörte das Gebiet des heutigen Italiens zum Römischen Reich – ein riesiges Imperium, das fast ganz Europa und zusätzlich noch Teile Afrikas und Asiens beherrschte.

Pisa:
Der „schiefe Turm von Pisa" ist eines der bekanntesten Gebäude Italiens und deswegen schief, weil er auf sandigem Untergrund errichtet wurde.

Rom:
Im Kolosseum fanden vor rund 2000 Jahren Gladiatorenkämpfe und nachgespielte Seeschlachten statt.

Sizilien:
Größte Insel des Mittelmeerraums

Schweiz

Die Schweiz gilt als Land der Berge, weil es an die Alpen grenzt. Dort spielt auch die Geschichte von Heidi. Die Erzählung von dem Waisenmädchen, das seinen mürrischen Großvater – den Alpöhi – wieder zu einem fröhlichen Menschen macht und einem im Rollstuhl sitzenden Mädchen das Gehen beibringt, stammt aus der Feder von Johanna Spyri. Die Schriftstellerin wurde mit ihren im 19. Jahrhundert erschienenen Heidi-Büchern innerhalb weniger Jahre weltberühmt. Im Emmental bei Bern produziert man – na, klar! – den Emmentaler Käse. Heute kann zwar jeder Käsemacher in jedem Land auch „Emmentaler"

herstellen, doch die Schweizer legen Wert darauf, dass der echte Emmentaler nur dann ein Original ist, wenn er als „Schweizer Emmentaler" geführt wird. Das haben sich die Schweizer Käsemacher sogar bei der Europäischen Union sichern lassen. Somit kann jeder „Nicht-Schweizer" Käsemacher, der seinen Käse fälschlicherweise als „Schweizer Emmentaler" anpreist, bestraft werden.

Hauptstadt:	Bern
Einwohner:	7,6 Mio.
Landesfläche:	41 285 km²

Das Schweizer Matterhorn ist mit 4478 m einer der höchsten Berge in den Alpen.

Davos:
Höchstgelegene Stadt
Europas auf 1560 m Höhe

Gstaad:
Im Iglu-Dorf bestehen die
Häuser aus nichts anderem
als Eis.

Großer Aletschgletscher:
Größter und längster
Gletscher Europas

Österreich

Hauptstadt:	Wien
Einwohner:	8,3 Mio.
Landesfläche:	83871 km²

In **Österreich** sind die Bedingungen für Rodeln, Skifahren oder Langlauf vielerorts optimal. Das liegt daran, dass sich die Alpen fast durchs ganze Land erstrecken. Die Berge der Alpen sind so hoch, dass schwere, mit Feuchtigkeit gesättigte Wolken sie nicht überwinden können und „abregnen". Deswegen fällt in den Alpen im Winter viel Schnee, der sich in den hohen Berglagen lange hält. Oft kann man dort vom Herbst bis ins nächste Frühjahr hinein Ski fahren.

Ein Gegenstand, den wir alle täglich benutzen, wäre ohne den Elan eines Österreichers vielleicht nie so

Das große Riesenrad im Wiener Prater, einem Vergnügungspark, ist eines der Wahrzeichen der österreichischen Hauptstadt.

Ein Nachbarland Österreichs ist **Slowenien**: ein kleines, aber vielfältiges Land, das von den Alpen bis zur Mittelmeerküste reicht. In der Landesmitte liegt fruchtbares Hügelland. Lange Zeit war Slowenien kein eigenständiges Land. Zuletzt gehörte es zusammen mit Serbien und Kroatien zum ehemaligen Jugoslawien. Erst 1991 erlangte es seine Unabhängigkeit.

Slowenien

Hauptstadt:	Ljubljana
Einwohner:	2 Mio.
Landesfläche:	20 256 km²

bekannt geworden: 1923 erkannte Martin Winterhalter aus St. Gallen, dass sich Hosen und Jacken mit dem Reißverschluss viel schneller und winddichter verschließen lassen, als mit Knöpfen. Er baute die erste Reißverschlussfabrik und verbreitete das Produkt in ganz Europa. Allerdings hieß es bei ihm noch nicht „Reißverschluss" sondern „RiRi", eine Abkürzung für „Rippen und Rillen".

 1 **Wien:**
Spanische Hofreitschule mit Dressur-Vorführungen der weltberühmten Lipizzaner-Hengste

 2 **Kremsmünster:**
Die 1759 erbaute Sternwarte gilt als das älteste Hochhaus Europas.

 3 **St. Anton am Arlberg:**
Größtes Skigebiet Österreichs mit über 280 km Skipiste

 4 **Cerknica:**
Der Zirknitzer See ist mit einer Fläche von 38 km² der größte Sickersee der Welt. Sein Wasser versickert zwei Mal im Jahr komplett in der Erde.

Ungarn

Hauptstadt:	Budapest
Einwohner:	10,1 Mio.
Landesfläche:	93 030 km²

Slowakei

Hauptstadt:	Bratislava
Einwohner:	5,4 Mio.
Landesfläche:	49 034 km²

Ungarn, **Tschechien** und die **Slowakei** sind sehr verschiedene Länder, aber sie haben eines gemeinsam: Alle Staaten gehörten bis zum Ende des Ersten Weltkriegs zu einem riesigen Staat namens „Österreich-Ungarn", der damals nach dem Russischen Reich das flächenmäßig zweitgrößte Land Europas war. Durch die Folgen des Weltkriegs wurde das Land in mehrere Teile zersplittert und die vier heutigen Nationalstaaten entstanden.

Tschechien grenzt an Deutschland. Landesteile, die heute zu Tschechien zählen, wie zum Beispiel Böhmen und Mähren, waren einst deutsch. Doch auch hier kam ein Krieg dazwischen; diesmal der Zweite Weltkrieg. In diesem Krieg hatte Deutschland die Tschechen angegriffen und schlimme Verbrechen in ihrem Land begangen. Deswegen musste Deutschland einige seiner Gebiete nach dem Krieg an Tschechien abtreten.

Kinder in zahlreichen Ländern der Welt kennen die tschechische Zeichentrickserie „Der kleine Maulwurf", die seit 1957 von dem Prager Zeichner Zdeněk Miler entwickelt wurde.

In der Slowakei beginnen die Karpaten, ein unwegsames Gebirge, in dem noch Bären und Wölfe leben.

Ein sehr beliebtes Mitbringsel aus Ungarn sind solche Puppen, deren Kleidung den traditionellen Trachten Ungarns nachempfunden ist.

Tschechien

Hauptstadt:	Prag
Einwohner:	10,4 Mio.
Landesfläche:	78 867 km²

Prag:
Über 180 Brücken in der Hauptstadt Tschechiens

Naturreservat Stratená:
Die fast 1500 m lange Eishöhle Dobšinská ist eine der größten Eishöhlen Europas und kann besichtigt werden. Stellenweise ist das Eis bis zu 25 m dick.

Székesfehérvár:
Älteste Stadt Ungarns, in der 37 ungarische Könige gekrönt wurden

Polen

Hauptstadt:	Warschau
Einwohner:	38,2 Mio.
Landesfläche:	312 685 km²

Auf vielen Landkarten fällt auf, dass die Namen einiger polnischer Städte mit einem polnischen und einem deutschen Namen eingetragen sind. Das kommt daher, weil der Westteil Polens früher zu Ostpreußen gehörte, einem deutschsprachigen Gebiet. Nach dem Zweiten Weltkrieg wurden diese Gebiete Polen zugewiesen. Deswegen kann man bei manchen Orten heute zwei Namen verwenden: zum Beispiel entweder Danzig oder Gdansk. Danzig und auch andere Städte wie Warschau, Stettin, Lodz und Krakau sind beliebte Urlaubsorte mit vielen Sehenswürdigkeiten. Auch außerhalb der Städte gibt es in Polen eine Menge zu entdecken. Zum Beispiel sind in mehreren Nationalparks des Landes einst ausgestorbene Wildpferde wieder angesiedelt worden. Man nennt sie „Tarpane". Sie lebten noch vor 250 Jahren in vielen Gegenden Osteuropas. Doch weil die Menschen zahlreiche Steppengebiete in landwirtschaftliche Flächen umwandelten, verloren die Wildpferde ihren Lebensraum. Heute gibt es wieder einige Hundert dieser ursprünglichen Tiere, die nun aufs Neue in freier Wildbahn leben können.

Wo liegen die letzten Urwälder Europas?

Genau genommen ist ein „Urwald" ein Wald, der noch nie von Menschenhand verändert wurde. So gesehen gibt es in ganz Europa keinen einzigen Urwald mehr! Doch einige Wälder sind so ursprünglich, wild und artenreich, dass man sie trotzdem als „Urwald" bezeichnet. Dazu zählen zum Beispiel der Białowieża-Wald in Polen, das „Wildnisgebiet Dürrenstein" in Österreich und die Waldgebiete am Rand des Skanden-Gebirges in Skandinavien. In Deutschland sind unter anderem der „Nationalpark Bayerischer Wald" und der „Urwald Sababurg" in Hessen zumindest noch urwaldähnlich.

Wunderschön am Fluss Nogat liegt die polnische Stadt Malborg. Die Marienburg im Bild war eine der mächtigsten Festungsanlagen im 14. Jahrhundert.

 1 Warschau:
Hauptstadt und größte Stadt Polens mit mehr als 3,5 Mio. Einwohnern in Kernstadt und Umland

 2 Wolsztyn:
Europaweit letztes intaktes und ständig genutztes Bahnbetriebswerk für Dampflokomotiven

 3 Krzemionki:
Die prähistorischen Minen, in denen Steinzeitmenschen Feuerstein abbauten, sind einmalig auf der Welt.

Kroatien

Hauptstadt:	Zagreb
Einwohner:	4,4 Mio.
Landesfläche:	56 542 km²

Kosovo

Hauptstadt:	Priština
Einwohner:	2,1 Mio.
Landesfläche:	10 877 km²

Serbien

Hauptstadt:	Belgrad
Einwohner:	7,5 Mio.
Landesfläche:	77 474 km²

Beim Blick auf die Landkarte kann man sich schon wundern: so viele kleine Staaten auf so engem Raum. Wie kam denn das zustande? Zusammen mit dem Land Slowenien bildeten die Länder **Kroatien**, **Bosnien und Herzegowina**, **Serbien**, **Mazedonien**, **Montenegro** und das **Kosovo** einmal ein einziges Land. Es hieß Jugoslawien und war nach dem Ersten Weltkrieg 1918 gegründet worden. Oft werden die Einzelstaaten heute noch unter dem Begriff „Ex-Jugoslawien" zusammengefasst. In dem Land lebten verschiedene Volksgruppen mit unterschiedlichen Religionen. In den 1990er-Jahren

Bosnien und Herzegowina

Hauptstadt:	Sarajevo
Einwohner:	4,3 Mio.
Landesfläche:	51 129 km²

nahmen die Spannungen zwischen den Volksgruppen so stark zu, dass daraus ein Bürgerkrieg entstand.

Zwar konnte dieser grausame Konflikt Ende der 1990er-Jahre beendet werden, doch viele Streitigkeiten sind bis heute nicht ganz geklärt. So haben sich zum Beispiel Montenegro 2006 und das Kosovo 2008 von Serbien losgesagt, zu dem sie nicht mehr gehören wollten.

Mazedonien

Hauptstadt:	Skopje
Einwohner:	2 Mio.
Landesfläche:	25 713 km²

Montenegro

Hauptstadt:	Podgorica
Einwohner:	620 000
Landesfläche:	13 812 km²

Plitvicka jezera:
Nationalpark Plitwitzer Seen mit fast 30 000 ha seltener Karstlandschaft

Sarajevo:
„Muzej Tunela" von Sarajevo zeigt einen Tunnel, den Einwohner im Bürgerkrieg gruben, um sich vor oberirdischen Heckenschützen zu schützen.

Sveti Stefan:
Ungewöhnliche historische Inselstadt Sveti Stefan, die nur über einen schmalen, künstlichen Damm erreichbar ist

Moldawien

Hauptstadt:	Chişinău
Einwohner:	4,3 Mio.
Landesfläche:	33 843 km²

Wegen sprachlicher und kultureller Unterschiede erklärte die Volksgruppe der Moldauer 1991 ihre Unabhängigkeit von Rumänien. Sie bilden seitdem einen eigenen Staat: **Moldawien**. Weil in Moldawien schon seit Jahrhunderten Wein angebaut wird, gibt es dort riesige Weinkeller. Manche sagen, praktisch das ganze Land wäre unterkellert. Einer dieser Weinkeller reicht 60 Kilometer weit in die Erde hinein. Er ist damit wahrscheinlich der längste Keller der Welt.

Das Nachbarland **Rumänien** ist vor allem wegen der Vampirgeschichten rund um den Grafen Dracula bekannt. Dabei galt es einst als eine Art „Paradies" für deutsche Auswanderer. Die Region Transsilvanien trägt bis heute den deutschen Namen Siebenbürgen.

Bulgarien wird besonders wegen seiner Urlaubsorte an der sonnigen Küste des Schwarzen Meeres gerühmt. Doch eigentlich ist das

Rumänien

Hauptstadt:	Bukarest
Einwohner:	21,7 Mio.
Landesfläche:	238 391 km²

südliche Hinterland viel spannender, denn in Bulgarien treffen schon seit vielen Hundert Jahren kulturelle Einflüsse aus Europa und aus dem Orient aufeinander.

Wo wohnte Graf Dracula?

Graf Dracula gab es wirklich! Doch er war kein blutgieriger Vampir, wie in den Gruselstorys des irischen Romanautors Bram Stoker. Historisches Vorbild für den schaurigen Grafen war der rumänische Fürst Vlad Drăculea, auch bekannt als Vlad III. Sein Name geht wohl auf sein Familienwappen zurück, in dem ein Drache (lateinisch: draco) abgebildet war. Er war zwar ein grausamer Herrscher, hat seine Opfer aber natürlich nicht gebissen und ausgesaugt, wie der literarische Dracula. Vlad Drăculea residierte in einer Burg nahe der heutigen rumänischen Hauptstadt Bukarest.

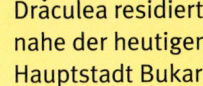

Bulgarien

Hauptstadt:	Sofia
Einwohner:	7,2 Mio.
Landesfläche:	110 994 km²

1 Mileştii Mici:
Im 250 km langen unterirdischen Weinkeller bei Mileştii Mici werden mehr als 1,5 Mio. Flaschen Wein gelagert.

 Suceviţa:
Das Kloster Suceviţa ist innen und außen vollständig mit Wandmalereien in leuchtenden Farben bedeckt.

 Barn:
Schloss Barn gilt wegen seiner großen Ähnlichkeit zum Schloss aus Bram Stokers Roman als das Schloss von Graf Dracula.

 Burgas:
Sandskulpturenfestival von Burgas, eines der schönsten Festivals an der Schwarzmeerküste

 # Griechenland

Hauptstadt:	Athen
Einwohner:	11,1 Mio.
Landesfläche:	131 957 km²

Über Athen, der Hauptstadt von **Griechenland**, thront die weltberühmte Akropolis: antike Überreste der ehemaligen Stadtfestung. Ebenso beeindruckend sind die Ruinen der Stadt Olympia. Dort wurden schon 2000 Jahre vor Christus sportliche Wettkämpfe veranstaltet. Ein französischer Baron fand das so spannend, dass er 1896 in Athen die ersten Olympischen Spiele der Neuzeit ausrief. Seitdem finden alle vier Jahre Olympische Wettkämpfe statt.
Griechisches Essen, wie Gyros, Souflaki und Tsatsiki, ist auch bei uns in Deutschland beliebt. Doch es gibt einige Spezialitäten, die hierzulande kaum bekannt sind, zum Beispiel Chtapodosalata – ein Tintenfischsalat.

In der griechischen Region Meteora wurden zahlreiche Klöster auf unwegsamen Felsen erbaut, die früher nur über Seilwinden und Strickleitern erreicht werden konnten.

 # Albanien

Hauptstadt:	Tirana
Einwohner:	3,6 Mio.
Landesfläche:	28 748 km²

Albanien ist ein Nachbarstaat Griechenlands. Im ganzen Land leben nur rund drei Millionen Menschen – weniger als in Berlin! Deswegen gibt es in Albanien große Flächen mit unberührter Natur. Leider gehört Albanien zu den ärmsten Ländern Europas. Weil es dort noch bis vor wenigen Jahren politische Unruhen gegeben hat, wird Albanien trotz seiner landschaftlichen Schönheit von Touristen kaum besucht.

Gab es Odysseus wirklich?

Wer kennt sie nicht, die spannenden Heldensagen von Odysseus, der den Zyklopen besiegte, den Sirenen widerstand und dessen Gefährten von einer Zauberin in Schweine verwandelt wurden. Ist das alles nur ein antikes Märchen oder gab es Odysseus wirklich? Die Sage von Odysseus und seiner Irrfahrt auf dem Mittelmeer, der Odyssee, stammt von dem griechischen Dichter Homer und wurde im 8. Jahrhundert v. Chr. aufgeschrieben. Forscher sind sich heute einig, dass es für Odysseus kein historisches Vorbild gab, sondern dass Homer sich alles ausgedacht hat.

 1
Ohridsee:
Der 8 bis 10 Mio. Jahre alte Ohridsee ist vielleicht der älteste See der Welt.

 2
Delphi:
2300 Jahre alte antike Stätten des berühmten Orakels von Delphi

 3
Athen:
Der Wachwechsel der „Evzonen", der Präsidialgarde, ist wegen der ungewöhnlichen Bewegungen der Soldaten ein besonderes Schauspiel.

Türkei

Hauptstadt:	Istanbul
Einwohner:	74,2 Mio.
Landesfläche:	773 473 km²

Zypern

Hauptstadt:	Nikosia
Einwohner:	1 Mio.
Landesfläche:	9251 km²

Istanbul, die Hauptstadt der **Türkei**, ist wegen ihrer kulturellen Vielfalt für viele Touristen ein Highlight. Bereits in der Antike war die Stadt ein bedeutendes Kulturzentrum. Früher hieß sie Konstantinopel, benannt nach Kaiser Konstantin dem Großen. Für Urlauber sind häufig auch die klimatischen Gegebenheiten der Türkei faszinierend: Während man im Winter in der Küstenstadt Antalya noch sonniges Strandwetter vorfindet, kann man zur gleichen Zeit im nur 150 Kilometer entfernten Gebirge schon Ski fahren.

Zypern ist eine große Insel im östlichen Mittelmeer. Seit 1974 ist sie zweigeteilt: Den südwestlichen Teil bildet die eigenständige Republik Zypern, während der nordöstliche Teil zur Türkei gehört.

Dies ist das Ergebnis eines Konflikts zwischen griechisch- und türkischstämmigen Volksgruppen auf der Insel. Die Grenze ist durch einen Zaun getrennt und wird von Soldaten bewacht.

Welche Länder liegen auf zwei verschiedenen Kontinenten?

Auf der ganzen Welt gibt es nur zwei Länder, die sich gleichzeitig auf zwei Kontinenten befinden. Diese Staaten sind Russland und die Türkei. Beide Länder liegen mit ihrem westlichen Teil in Europa und mit ihrem östlichen Teil in Asien. In Russland wird als Grenze zwischen Europa und Asien das Ural-Gebirge betrachtet und in der Türkei die Meerenge mit dem Namen Bosporus. Die weltweit einzige Stadt, in der man zwischen zwei verschiedenen Kontinenten spazieren gehen kann, ist Istanbul.

 1
Istanbul:
Die Bosporusbrücke war die erste Brücke der Welt, die zwei Kontinente miteinander verband.

 2
Pamukkale:
Die Kalksinterterrassen im Nationalpark sind weltweit einmalig und UNESCO-Weltnaturerbe.

 3
Göreme:
Bis zu 10 Stockwerke tiefe Höhlensysteme früher christlicher Kulturen in der Region Kappadokien (UNESCO-Welterbe)

 4
Troodos:
Im Troodos-Gebirge gibt es viele Tiere, unter anderem die letzten wild lebenden Zypern-Mufflons, eine Wildschafart.

 # Litauen

Hauptstadt:	Vilnius
Einwohner:	3,3 Mio.
Landesfläche:	65 300 km²

Litauen, **Lettland** und **Estland** bilden zusammen das Baltikum, ein Gebiet in Nordosteuropa, das viele landschaftliche und kulturelle Gemeinsamkeiten aufweist. Die drei Länder waren nach dem Zweiten Weltkrieg der Sowjetunion angegliedert worden und konnten erst in den 1990er-Jahren ihre Unabhängigkeit wiedererlangen.

 # Estland

Hauptstadt:	Tallinn
Einwohner:	1,3 Mio.
Landesfläche:	45 227 km²

Auch **Weißrussland** und die **Ukraine** waren einmal Bestandteil der Sowjetunion. 1986 trat die Ukraine in den Blickpunkt, als dort das Atomkraftwerk Tschernobyl explodierte und Teile Europas mit radioaktiver Strahlung verseuchte. Selbst über 25 Jahre danach findet man sogar in deutschen Regionen, zum Beispiel in Oberbayern, noch erhöhte Radioaktivität im Boden.

Weißrussland hat nach seiner Unabhängigkeit den Weg in die Diktatur eingeschlagen. Diktatur bedeutet, dass der Staatschef allein bestimmt, wie das Land sich entwickeln soll. Jegliche Kritik,

 # Weißrussland

Hauptstadt:	Minsk
Einwohner:	9,9 Mio.
Landesfläche:	207 595 km²

Lettland

Hauptstadt:	Riga
Einwohner:	2,3 Mio.
Landesfläche:	64 589 km²

zum Beispiel von anderen politischen Parteien, ist verboten. Die Menschen dürfen nicht frei ihre Meinung sagen, und die Zeitungen enthalten nur solche Nachrichten, deren Verbreitung die Staatsführung genehmigt hat.

 # Ukraine

Hauptstadt:	Kiew
Einwohner:	46,7 Mio.
Landesfläche:	603 700 km²

In Litauens Hauptstadt Vilnius gibt es rund 45 Kirchen. Kein Wunder, dass die Stadt den Spitznamen „Rom des Ostens" bekommen hat.

1 Tallinn:
Das Restaurant „Korsaar" ist eingerichtet wie das Innere in einem Piratenschiff.

2 Šiauliai:
Auf dem „Berg der Kreuze", dem nationalen Wahrzeichen Litauens, haben Pilger über 60 000 Kreuze zusammengetragen.

3 Uholsko:
Größter zusammenhängender Buchenurwald (100 km²) in den Karpaten

4 Odessa:
Die riesigen Hafenanlagen von Odessa sind die größten der Schwarzmeerregion.

in dieser unwirtlichen Kälte, in denen seine politischen Feinde inhaftiert wurden und Zwangsarbeit leisten mussten. Russlands Hauptstadt Moskau liegt in Europa, während zum Beispiel Tscheljabinsk – ebenfalls eine russische Millionenstadt – bereits in Asien liegt. Als Trennung der beiden Kontinente wird der Ural angesehen, ein Gebirge, das sich 2100 Kilometer lang von Norden nach Süden erstreckt. Mit einer Höhe von rund 1800 Metern ist der Ural sehr hoch. Und so ist es kein Wunder, dass das Gebirge schon früh nicht nur als geografische Grenze wirkte, sondern auch zum Hindernis wurde, das einen Austausch von Kulturen und Traditionen zwischen den Menschen erschwerte.

Russland

Hauptstadt:	Moskau
Einwohner:	142,8 Mio.
Landesfläche:	17 075 400 km²

Russland ist das größte Land der Erde! Viele Landesteile liegen jedoch in Regionen, die ein ungünstiges Klima haben. In Sibirien zum Beispiel ist das Klima in jeder Hinsicht extrem: Im Sommer kann es über 40 Grad Celsius heiß werden und im Winter betragen die Temperaturen teilweise bis zu –70 Grad Celsius. Nicht viele Menschen halten das über längere Zeit aus. Daher sind die Weiten Sibiriens nur dünn besiedelt, oft sogar menschenleer. Der Diktator Stalin veranlasste nach dem Zweiten Weltkrieg den Bau von Gefangenenlagern

Die Basiliuskathedrale mit ihren bunten Türmen steht in Moskau und ist eines der bekanntesten Gebäude Russlands.

 Sankt Petersburg:
Restauriertes Bernsteinzimmer im Katharinenpalast

 Moskau:
Das Bolshoi-Theater ist das bekannteste Theater Russlands und beschäftigt rund 900 Schauspieler, Musiker und Tänzer.

 Irkutsk:
Der Baikalsee ist mit einer Tiefe von über 1600 m der tiefste Süßwassersee der Erde.

Dänemark

Hauptstadt:	Kopenhagen
Einwohner:	5,4 Mio.
Landesfläche:	43 098 km²

Dänemark ist ein Nachbarstaat Deutschlands, doch nicht immer waren die Beziehungen zwischen Deutschen und Dänen friedlich. Im Deutsch-Dänischen Krieg von 1848 bis 1851 stritten sich beide um das Gebiet des heutigen Schleswig-Holstein. Kaum zu glauben, aber dieser Krieg hat bis heute Nachwirkungen auf die Politik. Eine dänische Minderheit in Südschleswig trat nach dem Zweiten Weltkrieg für eine „Wiedervereinigung" mit Dänemark ein. Die politische Vertretung dieser Minderheit, der Südschleswigsche Wählerverband, ist immer noch als Partei aktiv.

Die Flagge Dänemarks, der „Danebrog", ist vermutlich die älteste Flagge der Welt. Ihr Ursprung soll sogar bis in die Wikingerzeit zurückreichen. Eine Legende besagt, dass die Flagge durch gött-

Wer waren die „Nordmänner"?

Um 800 v. Chr. ertönte an den Küsten Europas oft der angstvolle Ruf: „Die Nordmänner kommen!" Damit waren die Wikinger gemeint. Sie stammten aus Skandinavien, wo die meisten Wikinger als Bauern lebten. Sie waren außerdem erfolgreiche Händler und ausgezeichnete Seefahrer. Als eine Art „Raubritter der Meere" begannen sie andere Völker auszuplündern und zu versklaven und gelangten dabei bis ans Mittelmeer. Es wird sogar vermutet, dass Leif Eriksson schon um das Jahr 1000 n. Chr. Amerika auf der Höhe der heute kanadischen Insel Neufundland erreichte.

liche Fügung einfach vom Himmel fiel, als der dänische König Waldemar im Jahr 1219 einen Krieg gegen die Esten führte. Dieses Wunder soll die Feinde Dänemarks so geängstigt haben, dass sie sich darauf leicht besiegen ließen.

Die Skulptur der kleinen Meerjungfrau ist das Wahrzeichen Kopenhagens. Sie erinnert an das weltberühmte Märchen des dänischen Schriftstellers Hans Christian Andersen.

 1 Hirtshals:
Das Nordseemuseum vermittelt alles über das „Meer vor unserer Haustür".

 2 Odense:
Das Hans-Christian-Andersen-Haus zeigt, wie und wo der Märchenschriftsteller gelebt hat.

 3 Kopenhagen:
Die „Königliche Kapelle" gilt als das älteste Orchester der Welt und blickt auf eine fast 560-jährige Geschichte zurück.

 4 Oslo:
Im Frognerpark stellen über 200 Skulpturen des Bildhauers Gustav Vigeland den ganzen Kreislauf des Lebens dar.

Norwegen

Hauptstadt:	Oslo
Einwohner:	4,8 Mio.
Landesfläche:	323 802 km²

Schweden

Hauptstadt:	Stockholm
Einwohner:	9 Mio.
Landesfläche:	450 295 km²

Die Halbinsel, auf der **Norwegen** und **Schweden** sowie Teile von **Finnland** liegen, sieht auf der Landkarte aus wie ein zum Sprung bereiter Tiger. Über „Kopf" und „Rücken" dieses Tigers erstreckt sich ein Gebirge mit dem Namen Skanden. Zusammen mit Dänemark bezeichnet man Schweden und Norwegen auch als Skandinavien. Finnland dagegen zählt nicht zu den skandinavischen Ländern. Wenn wir an Schweden denken, kommen einem Orte und Landschaften mit Namen wie Lönneberga oder Småland in den Sinn – und damit die bekannten Kinderbuchfiguren Pippi Langstrumpf, Michel oder auch die Kinder aus Bullerbü. Sie alle entstammen der Fantasie der Kinderbuchautorin Astrid Lindgren. Die schwedische Literaturnobelpreisträgerin Selma Lagerlöf hat ebenfalls ein bekanntes Kinderbuch geschrieben: Nils Holgersson.

Und die Norweger und Finnen? Sie sind eher durch ihre Komponisten im Gedächtnis geblieben. Der Norweger Edvard Grieg wurde vor allem bekannt für seine Musik zu dem Theaterschauspiel „Peer Gynt" und der Finne Jean Sibelius hat einige der wunderbarsten Sinfonien des 20. Jahrhunderts komponiert. Und was schätzen wir besonders, wenn es mal richtig kalt draußen ist? Klar: die Sauna – auch eine Erfindung aus Finnland!

Die Stadt Helsingborg wird von vielen Fähren angelaufen. Dort befindet sich der zweitgrößte Hafen Schwedens.

Finnland

Hauptstadt:	Helsinki
Einwohner:	5,2 Mio.
Landesfläche:	338 145 km²

Vimmerby:
Der Freizeitpark „Astrid Lindgrens Welt" zeigt die Schauplätze aus den berühmten Kinderbüchern der Autorin.

Kvarken-Archipel:
Schmalste Stelle (80 km) der Ostsee zwischen Finnland und Schweden

Jyväskylä:
Das Kantele-Museum stellt das Nationalinstrument der Finnen vor: die Kantele, die auf eine über 2000-jährige Geschichte zurückblickt.

Die Melodie des Glockenspiels aus dem Turm „Big Ben" in Großbritanniens Hauptstadt London ist weltberühmt.

Großbritannien

Hauptstadt:	London
Einwohner:	61,1 Mio.
Landesfläche:	243 610 km²

Es ist nicht übertrieben zu sagen, dass Großbritannien einst das mächtigste Land der Erde war. Und das ist noch gar nicht so lange her: Bis ins frühe 20. Jahrhundert hinein waren englische Seefahrer auf allen Weltmeeren unterwegs, gründeten Kolonien in fernen Ländern oder nahmen sie sich mit Gewalt, wenn schon andere vor ihnen dagewesen waren. Das hieraus hervorgegangene „British Empire", also das Britische Weltreich, umfasste zu seinen Glanzzeiten

Warum fahren die Autos in Großbritannien links?

*I*n Deutschland fahren die Autos auf der rechten Straßenseite. Man nennt das Rechtsverkehr. In England aber herrscht Linksverkehr. Warum? Die heute am meisten verbreitete Theorie dafür besagt, dass früher die Reisenden mit ihren Pferden links ritten, damit sie bei einem Angriff mit ihrer rechten Hand schnell zum Säbel oder zum Schwert greifen konnten. Ob das aber stimmt, weiß niemand so genau. Außer in England gibt es noch in über 50 Staaten der Erde Linksverkehr. Weltweit fahren vermutlich rund 2,3 Milliarden Menschen auf der – aus deutscher Sicht – „falschen" Straßenseite.

ein Viertel der gesamten Landfläche der Erde und war damit sogar größer als das russische Zarenreich.

Obwohl diese Zeiten vorüber sind, gibt es in Großbritannien nach wie vor ein Königshaus. Ähnlich wie viele Adelige in anderen Ländern hat auch die britische Königin heute keine politische Macht mehr, sondern ein Parlament aus Volksvertretern trifft die politischen Entscheidungen.

1 **Lyme Regis:**
Die 12-jährige Mary Anning fand hier an der Küste von Dorset 1811 ein berühmtes Fossil: den Ichthyosaurus.

2 **Glastonbury:**
Fans der Artussage können hier das angebliche Grab des sagenumwobenen Königs besichtigen.

3 **Stonehenge:**
Der Steinkreis von Stonehenge ist über 4500 Jahre alt und wurde vermutlich als religiöser Versammlungsort genutzt.

4 **London:**
Im Stammhaus von Madame Tussauds Wachsfigurenkabinett kann man „Kopien" von Stars und Berühmtheiten aus der Geschichte sehen.

Irland

Hauptstadt:	Dublin
Einwohner:	4,2 Mio.
Landesfläche:	70 273 km²

Irland gehört, wie Großbritannien und die Inselgruppe der Hebriden vor Schottland, zu den britischen Inseln. Es war einst Teil des Britischen Weltreichs, doch weil die Iren ein Volk sind, das sich nicht so schnell unterkriegen lässt, riefen sie 1916 die Republik Irland aus. Offiziell wurde Irland allerdings erst 1949 selbstständig. Die Provinz Nordirland wird bis heute von Großbritannien beansprucht, weswegen es bis in die 1990er-Jahre gewaltsame Auseinandersetzungen zwischen der britischen Polizei und der IRA gab, einer terroristischen Organisation, die für eine Unabhängigkeit ganz Irlands kämpfte.

Island ist nach dem Vereinigten Königreich Großbritannien und Nordirland der zweitgrößte Inselstaat Europas. Es liegt so weit nördlich, dass dort im Winter nur drei Stunden am Tag die Sonne scheint. Dafür geht sie im Sommer aber erst nach Mitternacht unter. Eine Art „Volkssport" der Isländer ist die Ahnenforschung. In einem Ahnenregister, das jeder Bürger Islands einsehen darf, sind über 720 000 Namen verzeichnet: mehr als die

Island

Hauptstadt:	Reykjavík
Einwohner:	293 300
Landesfläche:	103 000 km²

Hälfte aller Menschen, die je in Island gelebt haben. Einige isländische Familien behaupten, dass sie ihre „Verwandtschaft" bis auf einen Zeitraum vor Christi Geburt zurückverfolgen können.

Saftige, grüne Wiesen und alte Burgen: Das ist es, weswegen Irland bei Touristen so beliebt ist.

Warum brodelt und faucht es auf Island?

*I*sland wird häufig als „Land aus Feuer und Eis" bezeichnet. Das kommt daher, weil der Inselstaat einerseits sehr weit nördlich liegt, die Winter also besonders kalt sind und Schnee und Eis in manchen Regionen oft bis ins späte Frühjahr hinein liegen bleiben. Andererseits ist die Erdkruste unter der Insel Island nur sehr dünn und das heiße Magma im Erdinneren befindet sich relativ nahe an der Oberfläche. Deswegen kommt es immer wieder zu Vulkanausbrüchen oder Wasser aus tiefen Löchern im Boden – den sogenannten Geysiren – spritzt empor.

Connemara:
„Schaf-reichste" Region Irlands! In ganz Irland gibt es über 8,4 Mio. Schafe, das sind rund 2100 Schafe pro Einwohner.

Dublin:
Ältester Pub Irlands „Brazon Head" mit Gastronomielizenz seit 1635; somit auch eine der ältesten Kneipen Europas

Island:
30 aktive Geysire, die Wasser in bis zu 30 m Höhe hinaufschießen

Afrika

Auf der Landkarte teilt der Äquator Afrika in zwei „Hälften". Auch der Naturraum dieses Erdteils wirkt bei näherer Betrachtung „zweigeteilt". Fast ganz Nordafrika ist geprägt von der Sahara, einer riesigen Wüste. Manche Länder, z. B. Ägypten, Libyen oder Algerien, bestehen fast vollständig aus

In Zentralafrika herrscht tropisches Klima mit extrem hohen Niederschlägen – eine ideale Voraussetzung für die immergrünen Regenwälder mit den breiten, wasserreichen Flüssen.

Wo lebten die ersten Menschen?

Schon lange weiß man, dass vor etwa 200 000 Jahren die ersten Menschen lebten. Ihre Heimat war das östliche Afrika. Erst spätere Forschungen haben die Fachwelt wirklich überrascht. Demnach stammen alle heute lebenden Menschen von nur ganz wenigen Urmenschen ab. Wahrscheinlich waren sie die Überlebenden einer Epidemie oder Katastrophe. Und so steht fest: Alle Menschen sind untereinander viel näher „verwandt", als man zunächst gedacht hatte. Die Urahnen der gesamten Menschheit stammen also tatsächlich aus Afrika.

Sand und Felsen. Menschen können dort nur an wenigen Orten dauerhaft leben, etwa entlang von Flussläufen oder an den Meeresküsten.
Je weiter man in die Mitte des Kontinents vorrückt, desto grüner wird das Land. Die karge Wüste geht erst in weitläufige Savannen über. Das sind Landschaften, die vor allem von Gras, Büschen und kleinen Bäumen bewachsen sind und zahlreichen Tieren wie Elefanten, Giraffen, Zebras, Löwen und Leoparden einen Lebensraum bieten. Dann folgen tropische Regenwälder, die besonders viele exotische Tiere beherbergen, aber auch eine unglaubliche Fülle an Pflanzen mit riesigen Bäumen, die das ganze Jahr über Laub tragen.

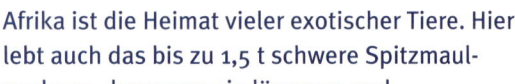

Afrika ist die Heimat vieler exotischer Tiere. Hier lebt auch das bis zu 1,5 t schwere Spitzmaulnashorn, das vorne ein längeres und hinten ein kürzeres Horn trägt.

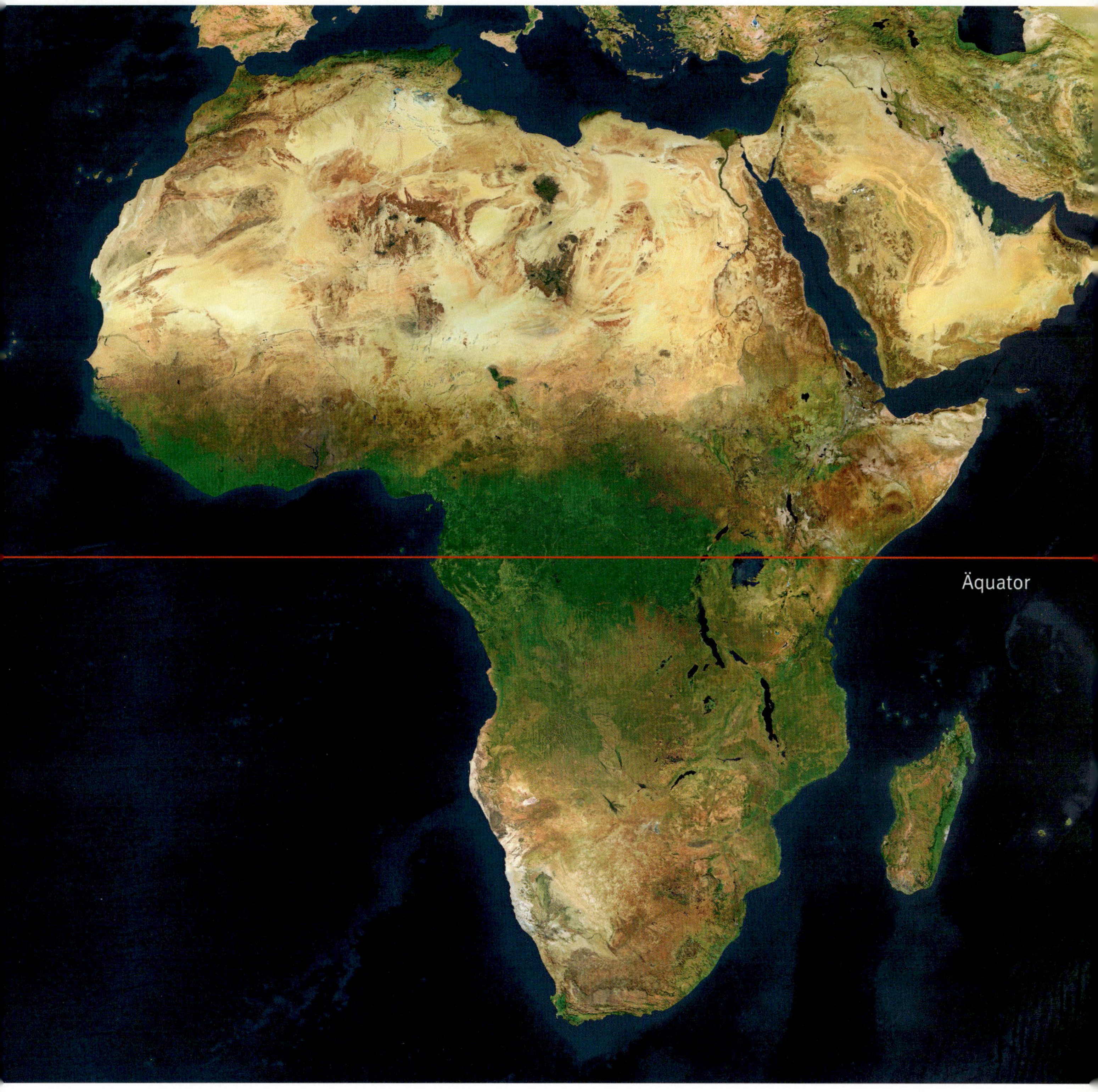

Äquator

Südlich des Äquators grenzt an den Regenwald wieder die Savanne und dann kommt erneut eine große Wüste: die Kalahari. Sie ist zwar kleiner als die Sahara aber ebenfalls extrem trocken. An mehr als zehn Monaten im Jahr fällt hier überhaupt kein Regen, und die Temperatur kann tagsüber über 60 Grad Celsius betragen! Erst kurz vor dem südlichsten Zipfel Afrikas, dem „Kap der guten Hoffnung", wird das Land wieder fruchtbar und grün.

Afrika

Einige Völker im Norden Afrikas waren technologisch und kulturell schon vor über 5000 Jahren auf einem solch hohen Stand, dass wir sie heute als „Hochkulturen" bezeichnen. Die Ägypter beispielsweise bauten die Pyramiden, die Sphinx und beeindruckende Tempelanlagen. Noch immer weiß man nicht so recht, wie sie das mit ihren einfachen Werkzeugen überhaupt schaffen konnten. Und die Karthager, die im Bereich des heutigen Tunesien lebten, waren so fortschrittlich und mächtig, dass sie selbst den Römern Angst einjagten, die zu der Zeit fast ganz Europa beherrschten.

Andererseits gab es in weiten Teilen Afrikas noch im 18. und 19. Jahrhundert Naturvölker, die bis dahin noch nie Kontakt zu Menschen aus anderen Ländern der Erde hatten. Das änderte sich schlagartig, als europäische Staaten begannen, Gebiete in Afrika für sich in Besitz zu nehmen und die reichen Rohstoffvorkommen des Erdteils auszuplündern. Die Unterdrückung und die ungerechte Landverteilung sind immer noch zu spüren: Viele Kriege, die bis heute in Afrika geführt werden, gehen auf Ungerechtigkeiten aus dieser sogenannten Kolonialzeit zurück.

Afrika ist reich an Rohstoffen und Edelsteinen. Dieses 800 m tiefe Loch in Südafrika ist von Menschenhand gemacht. Es war einst eine riesige Diamantenmine.

Das heutige Namibia war zwischen 1884 und 1915 die Kolonie „Deutsch-Südwestafrika". Auch Togo, Kamerun und Tansania waren deutsche Kolonialgebiete. 1904 kam es in Namibia zu einem Volksaufstand des Herero-Volks, das sich gegen die Besatzung ihres Landes wehrte. Die Deutschen schlugen den Aufstand blutig nieder. Rund 60 000 Herero kamen dabei ums Leben.

Wegen der Nachwirkungen der Kolonisierung durch die Europäer gibt es bis heute in Afrika häufig Bürgerkriege. Der Kriegsschrott wird für Kinder zum gefährlichen Spielplatz.

Einige der frühesten und bedeutendsten Hochkulturen entstanden auf afrikanischem Boden. Am bekanntesten sind die Bauwerke der alten Ägypter, darunter die Pyramiden und die Sphinx.

 1

Algerien:
Tal von M'zab: Die fünf perfekt an das Leben in der Wüste angepassten Oasenstädte sind über 1000 Jahre alt.

2

Sahara:
Die größte Wüste der Welt bedeckt fast ein Drittel der Fläche Afrikas.

 3

Ägypten:
Die Pyramiden von Giseh sind etwa 4500 Jahre alt und als einzige der sieben antiken Weltwunder heute noch zu sehen.

 4

Nil:
Mit 6671 km zweitlängster Fluss der Erde nach dem Amazonas (Südamerika)

Algier

Tunis

TUNESIEN

Rabat

MITTELMEER

MAROKKO

Tripolis

Kairo

Kanarische Inseln (span.)

①

ALGERIEN

②

LIBYEN

③

ÄGYPTEN

Westsahara

Rotes Meer

④

MAURETANIEN

MALI

NIGER

TSCHAD

Khartoum

ERITREA

Nouakchott

Asmara

KAP VERDE

SUDAN

Golf von Aden

SENEGAL

⑤

Niamey

DSCHIBUTI

Bamako

BURKINA FASO

N'Djamena

Addis Abeba

GAMBIA

GUINEA-BISSAU

GUINEA

GHANA

TOGO

BENIN

Abuja

SÜDSUDAN

ÄTHIOPIEN

SIERRA LEONE

NIGERIA

ZENTRAL-AFRIKANISCHE REPUBLIK

SOMALIA

LIBERIA

ELFENBEINKÜSTE

Accra

KAMERUN

Bangui

Juba

ÄQUATORIAL-GUINEA

UGANDA

KENIA

Mogadischu

SÃO TOMÉ UND PRÍNCIPE

DEMOKRATISCHE REPUBLIK KONGO

Kampala

Nairobi

INDISCHER OZEAN

GABUN

REPUBLIK KONGO

Brazzaville

RUANDA

⑥

Cabinda *(zu Angola)*

Kinshasa

BURUNDI

Dodoma

Ascencion ○ (brit.)

Luanda

TANSANIA

SEYCHELLEN

ATLANTISCHER OZEAN

ANGOLA

SAMBIA

KOMOREN

○ St. Helena (brit.)

Lusaka

MALAWI

Harare

Antananarivo

MOSAMBIK

NAMIBIA

SIMBABWE

⑦

MAURITIUS

MADAGASKAR

Réunion (frz.)

Windhuk

BOTSWANA

Gabarone

Maputo

Tshwane

SWASILAND

LESOTHO

SÜDAFRIKA

0   1000 km

⑧

 ⑤

Mali:
Wie Schwalbennester kleben die Dörfer der Dogon auf kleinen Felsterrassen der Bandiagara-Klippen.

 ⑥

Tansania:
Der höchste Berg Afrikas ist der Kilimandscharo (5892 m).

 ⑦

Simbabwe:
Die Ruinenstadt Alt-Simbabwe stammt aus dem 11. Jahrhundert n. Chr. und ist das Relikt einer bislang noch unbekannten Hochkultur.

 ⑧

Südafrika:
Die Brillenpinguine am Kap der Guten Hoffnung sind die einzigen Pinguine, die in Afrika leben.

Asien

Im Himalaja-Gebirge werden Rinder als Nutztiere gehalten, die optimal an die extremen klimatischen Bedingungen angepasst sind: die Yaks.

Geografisch bildet Asien eine mit Europa zusammenhängende, riesige Landmasse, die man auch Eurasien nennt. Weil es aber sehr große kulturelle und auch landschaftstypische Unterschiede gibt, teilt man Eurasien in zwei Kontinente. Die Grenze bilden das Uralgebirge im mittleren Westen Russlands sowie die Meerenge in der Türkei, der Bosporus. Alles Land östlich dieser natürlichen Grenzen wird Asien genannt, westlich davon liegt Europa.

Asien ist bekannt für seine großartigen Landschaften, wie zum Beispiel das südchinesische Bergland von Guilin, das als UNESCO-Weltnaturerbe anerkannt ist.

Wie entsteht ein Tsunami?

Das Wort „Tsunami" ist japanisch und bedeutet „große Hafenwelle". Diese Beschreibung sagt bereits ziemlich viel aus. Der Tsunami entsteht zwar auf offener See, meist infolge eines Seebebens, doch erst wenn die Welle Land erreicht, „bäumt" sie sich auf. Das liegt daran, dass der Tsunami beim Auftreffen auf die Küste abrupt gebremst und durch das Ufer „gestaucht" wird. Das kann man sich ähnlich vorstellen, wie bei einer randvollen Badewanne, aus der das Wasser „über den Rand schwappt", wenn man schlagartig die Hand hineintaucht.

Asien ist so groß, dass man einst sagte, in irgendeinem Teil dieses Erdteils würde immer die Sonne scheinen. Denn wenn sie im Westen am Ural untergeht, geht sie ganz im Osten an der Beringstraße schon wieder auf. Zwar ist das nicht ganz korrekt, aber es stimmt immerhin beinahe. Jedenfalls ist Asien unbestritten der größte Kontinent der Erde mit einer unglaublichen Vielfalt von Landschaftsformen, die vielen verschiedenen Tierarten Lebensräume bieten. Ob Wüsten oder eiskalte Tundra, Regenwald oder Steppe, fruchtbare Ackerböden oder karge, steinige Ebenen: In Asien gibt es einfach alles!

Im Himalaja-Gebirge, dem „Dach der Welt", liegt der Mount Everest. Er ist mit 8850 Metern Höhe der höchste Punkt der Erde! Sibirien, das sich über einen großen Teil Russlands erstreckt, gehört zu den kältesten Gebieten der Erde. Dort leben die Menschen fast das ganze Jahr über in Schnee und Eis. Asiens Südosten besteht aus einer Vielzahl von Inseln mit tropischen Regenwäldern, in denen viele Tierarten zu Hause sind, zum Beispiel Affen, Tiger und Leoparden. Einige Regionen, wie etwa Indonesien, sind sehr wasserreich, sodass die Menschen sich nicht auf Straßen fortbewegen, sondern auf

Flüssen: Die Kinder fahren dort oft mit Booten zur Schule!

Indien hängt wie ein „Zipfel" am Südrand Asiens. Der Staat ist so groß und kulturell so eigenständig, dass man ihn oft als „Subkontinent" bezeichnet, was übersetzt in etwa „untergeordneter Kontinent" oder „Teilkontinent" bedeutet. Das größte Land der Erde, Russland, gehört ebenfalls zu Asien. Doch die meisten Menschen leben in China im Osten des Erdteils: über 1,3 Milliarden!

Ähnlich abwechslungsreich wie der Naturraum ist auch die Geschichte Asiens, die von so vielen Völkern und so unterschiedlichen Ereignissen bestimmt wurde, dass selbst große Buchbände sie nicht vollständig wiedergeben könnten.

Von den vielen Herrschern, die Asien zumindest teilweise regierten, sind vor allem Alexander der Große und Dschingis Khan bekannt. Alexander eroberte ausgehend von Makedonien, einer Region im Balkan-Gebirge an der Grenze zwischen Europa und Asien, ein riesiges Reich, das von Griechenland bis zum Himalaja-Gebirge reichte. Bei Dschingis Khan war es gewissermaßen umgekehrt: Er begann seinen Feldzug in der Mongolei und herrschte zum Schluss über ein Gebiet, das sich vom Pazifik bis nach Mitteleuropa erstreckte.

Das Tadsch Mahal in der indischen Stadt Agra ist ein riesiges Grabmal in Form einer Moschee.

Reisanbau ist in vielen asiatischen Ländern weit verbreitet. Die Felder müssen aufwendig bewässert werden.

In Asien entstanden sämtliche wichtigen Weltreligionen: das Christentum und das Judentum im östlichen Mittelmeerraum, der Islam auf der Arabischen Halbinsel und der Buddhismus sowie der Hinduismus auf dem indischen Subkontinent. Andere kulturelle Einflüsse haben sich von Asien aus auf der ganzen Welt verbreitet: Tee, Porzellan und Nudeln kamen schon vor Jahrhunderten zu uns nach Europa. Sushi, Manga-Comics und Spielzeug „Made in China" sind hingegen erst in den letzten Jahrzehnten zu Exportschlagern geworden.

Die Lebensbedingungen der Menschen in Asien sind von Region zu Region meistens sehr unterschiedlich. Im Nordosten Indiens und einigen

Japans Hauptstadt Tokio ist die Stadt mit den meisten Einwohnern des Landes. Hier leben rund 9 Mio. Menschen.

 1

Israel:
Die Heilige Stadt Jerusalem besitzt Heiligtümer der drei Weltreligionen Judentum, Christentum und Islam.

 2

Irak:
Größte Stadt des arabischen Nahen Ostens ist Bagdad mit 5,5 Mio. Einwohnern. Ihr Name bedeutet „Gottesgeschenk".

 3

Mongolei:
Am dünnsten besiedelter Staat der Welt: zwei Einwohner pro km²

 4

China:
Die über 8000 km lange „Große Mauer" gilt als das größte Bauwerk der Welt.

0   1000 km

Barentssee

Nowaja Semlia

Karasee

Laptewsee

Neusibirische Inseln

Ostsibirische See

Wrangel-Insel

Tschuktschen see

Moskau

Ural

R U S S L A N D
(Asiatischer Teil)

Beringmee

Ochotskisches Meer

Sachalin

Astana

KASACHSTAN

 Ulan-Bator

MONGOLEI

P A Z I F I S C H E R

Aleute

GEORGIEN

Taschkent

USBEKISTAN

AR. AS.

TÜRKEI

TURKMENISTAN

KIRGISTAN

TADSCHI-KISTAN

Kurilen

O Z E A N

Peking

NORD-KOREA

Japanisches Meer (Ostm

SYRIEN

 Teheran

Kabul

CHINA

SÜD-KOREA

LIB.

Bagdad

AFGHANISTAN

Gelbes Meer

Tokio

JORD. IRAK

IRAN

JAPAN

ISRAEL

KUWAIT

PAKISTAN

NEPAL

Neu-Delhi

BHUTAN

Ost-chinesisches Meer

SAUDI-

BAHRAIN

KATAR

V.A.E.

INDIEN

BANGLA-DESCH

TAIWAN

Riad

OMAN

BIRMA

Hanoi

ARABIEN

Arabisches Meer

Naypyidaw

Golf von Bengalen

THAI-LAND

VIETNAM

Südchinesisches Meer

Philippinensee

Sanaa

JEMEN

Golf von Aden

Sokotra (jem.)

Lakkadiven (ind.)

Andamanen (ind.)

Bangkok

KAMB.

Manila

PHILIPPINEN

Nikobaren (ind.)

Colombo

SRI LANKA

BRUNEI

Celebessee

MALEDIVEN

Kuala Lumpur

MALAYSIA

SINGAPUR

Borneo

Celebes

Sumatra

INDONESIEN

Neuguinea

I N D I S C H E R

O Z E A N

Jakarta

Java

OSTTIMOR

Ländern Südostasiens – von Birma bis zu den Philippinen – fällt der Monsunregen in manchen Jahren sehr stark aus. Dann werden die Felder überschwemmt und ganze Ernten vernichtet, was großes Leid für die Bevölkerung bedeuten kann. Japan, Taiwan und Südkorea gehören dagegen zu den wohlhabenden Ländern. Dort gibt es riesige

Städte und Industrie, in der zum Beispiel Mikrochips und Bildschirme für Computer hergestellt werden. Auch viele Länder des sogenannten Nahen Ostens sind sehr reich. Denn dort liegen große Erdölvorkommen unter der Erde, wie etwa in Saudi-Arabien, Iran, Irak und den Golfstaaten Kuwait, Katar und Bahrain.

5 Japan:
In den heißen Quellen von Jigokudani, dem Höllental, baden Schneeaffen wie in einem Whirlpool.

6 Indien:
Das 1648 fertiggestellte Tadsch Mahal in Agra ist eines der schönsten Bauwerke überhaupt.

7 Indien:
Cherrapunji im Nordosten des Landes ist der regenreichste Ort der Welt (10 000 mm pro Jahr).

8 Thailand:
Bangkok ist berühmt für seine schwimmenden Märkte: Auf Kanälen, den Klongs, bieten Händler ihre Waren auf Booten an.

Nord- und Mittelamerika

Nordamerika ist ein Kontinent der Naturwunder: Hier gibt es beispielsweise Urwälder mit riesigen Mammutbäumen, unendlich weite Prärien, das Hochgebirge der Rocky Mountains, die spektakulären Schluchten des Grand Canyon ... Verständlich, dass man auf diesem Erdteil das erste Naturschutzgebiet der Welt geschaffen hat: 1872 wurde der Yellowstone-Nationalpark gegründet und beeindruckt seitdem seine Besucher mit heißen Quellen und Geysiren sowie einer reichen Tier- und Pflanzenwelt.

Eines der faszinierendsten, aber auch gefährlichsten Naturphänomene im Mittleren Westen der USA sind Tornados, die schwerste Schäden anrichten können.

Der Grand Canyon ist eines der größten Naturwunder der Erde. Die Schlucht erstreckt sich über 450 km und ist an manchen Stellen über 1500 m tief.

Hoch oben im Nordwesten des Kontinents befindet sich Alaska, eine fast menschenleere Wildnis mit extrem kalten Wintern. Im Osten Nordamerikas liegen die fünf „Großen Seen". Treffender könnte deren Name kaum sein, denn sie bilden zusammen die größte Süßwasserfläche der Erde. Der Mississippi prägt die Landschaft im Südosten. Fast jeder kennt Mark Twains Geschichten von Tom Sawyer und Huckleberry Finn, die sich auf und an den Ufern des Flusses abspielen. In den abgelegenen Buchten des Mississippi, den Bayous, leben Krokodile und viele andere exotische Tiere.

Woher stammen die Indianer?

Indianer sind in mehreren Teilen Amerikas heimisch: vom Polarkreis im äußersten Norden bis tief ins Innere Südamerikas. Es wundert daher kaum, dass die vielen Indianerstämme wahrscheinlich unterschiedliche Vorfahren haben. Manche Indianer stammen wohl von asiatischen Vorfahren ab, die vor Jahrtausenden in Booten über den Indischen Ozean und den Pazifik Amerika erreichten. Seit wenigen Jahren erst konnten Forscher nachweisen, dass während der Eiszeiten ebenfalls von Europa aus Menschen über den damals gefrorenen Atlantik kamen. Auch sie sind Vorfahren der Indianer.

Am Südende des Erdteils schließt **Mittelamerika** an, eine schmale Landverbindung zwischen Nord- und Südamerika. Hier ist deutlich der Übergang vom trockenen Wüstenklima Nordmexikos zum immerfeuchten Klima der Regenwälder zu spüren – ein Klima, das sich in Südamerika weiter fortsetzt.

Die Ureinwohner von **Nordamerika**, später „Indianer" genannt, lebten über 10 000 Jahre lang ungestört. Doch nach der Entdeckung Amerikas 1492 durch Christoph Kolumbus wanderten immer mehr Europäer, vor allem Engländer, nach Nordamerika ein – zwischen 1620 und 1770 allein über zwei Millionen! So viele Menschen brauchen viel Platz. Und so nahmen sich die neuen Siedler einfach das Land, das sie vorfanden, obwohl es den Indianern gehörte. Dabei gingen sie sehr brutal und rücksichtslos vor, sodass ganze Indianervölker ausgerottet wurden.

Auch Krankheiten, die durch die Europäer zum ersten Mal nach Amerika gelangten, waren ein Problem: Uns Europäern macht eine Grippe meist nicht so viel aus, weil wir im Laufe der Zeit Abwehrkräfte dagegen entwickelt haben. Doch in Amerika starben viele Indianer daran. Da es vor der Ankunft der Europäer diese Krankheiten dort noch nicht gab, war natürlich auch das Immunsystem der Ureinwohner nicht auf Grippeviren oder die Abwehr dieses Krankheitserregers eingestellt.

In den Vereinigten Staaten von Amerika gibt es die meisten Hochhäuser weltweit. Besonders viele Wolkenkratzer ragen im New Yorker Stadtteil Manhattan in den Himmel.

England und Frankreich beanspruchten nun für sich die Herrschaft über das Land, dass sie überschwänglich als „Neue Welt" bezeichneten. Erst nach einem Unabhängigkeitskrieg wurden die englischen Kolonien im Jahr 1776 zu den Vereinigten Staaten von Amerika. Und dort, wo viele Franzosen eingewandert waren, entstand der Staat Kanada.

Die Vereinigten Staaten waren über lange Zeit das technologisch, kulturell und militärisch mächtigste Land der Erde. Zahlreiche für uns heute alltägliche Dinge, wie Cola, Comics, Hamburger und Rockmusik, stammen aus Amerika.

Mittelamerika liegt als schmaler Streifen zwischen zwei Ozeanen. Fischfang ist in allen Ländern dieser Region eine Haupterwerbsquelle. Doch viele Menschen sind arm und manche von ihnen versuchen, illegal in die USA zu gelangen, wo sie sich ein besseres Leben erhoffen.

Kanadas Provinz Alberta ist auch als „Prärieprovinz" bekannt. Dort grasen massenhaft Rinder und es gibt weitläufige Getreideflächen, deren Erträge in riesigen Getreidesilos gelagert werden.

 1

Alaska:
Der nördlichste US-Bundesstaat grenzt an Kanada, nicht aber an die USA. 1867 kauften die USA das Gebiet Russland ab.

 2

Kanada:
Die Niagara-Wasserfälle sind fast 60 m hoch und rund 800 m breit.

 3

Arizona:
Der Grand Canyon ist eines der größten Naturwunder, die es gibt. Der Fluss Colorado hat hier eine weltweit einmalige Tallandschaft entstehen lassen.

 4

Florida:
In Orlando liegt Disney-World, der mit einer Fläche von 15 000 ha größte Freizeitpark der Welt.

Ellesmere Island

Grönland (dänisch)

Baffinmeer

0   1000 km

Beaufortsee

Victoria Island

Baffin Island

Davisstraße

 ①
Alaska
(zu USA)

KANADA

Hudson Bay

Golf von Alaska

Neufundland

Aleuten

Ottawa

②

**VEREINIGTE STAATEN
VON AMERIKA
(USA)**

Washington (D.C.)

ATLANTISCHER

③

Bermudainseln (brit.)

PAZIFISCHER

Golf von Mexiko

④

B A H A M A S

DOMINIKANISCHE REPUBLIK

Puerto Rico (USA)

SAINT KITTS UND NEVIS

OZEAN

Hawaii-Inseln (USA)

Havanna **⑤**

KUBA

HAITI

ANTIGUA UND BARBUDA

MEXIKO

JAMAIKA

DOMINICA

⑥

Mexiko

BELIZE

Karibik

SAINT LUCIA

I. d. Guadalupe (mex.)

GUATEMALA

HONDURAS

⑦

BARBADOS

EL SALVADOR

NICARAGUA

GRENADA

SAINT VINCENT UND DIE GRENADINEN

⑧

Managua

COSTA RICA

PANAMA

OZEAN

 Kuba:
Europäer liebten kubanischen Zucker: So wurde die Stadt Trinidad mit dem „Tal der Zuckerfabriken" vor 100 Jahren sehr reich.

 Guatemala:
Ruinenstadt Tikal mit den Überresten von 3000 Bauten einer uralten Mayakultur – einige davon bis zu 2200 Jahre alt

 Tortuga (Haiti):
Die Insel war im 17. Jahrhundert ein berüchtigter Piratenstützpunkt.

 Nicaragua:
Gut erhalten: die Stadt Léon Viejo, die der Vulkan Momotombo vor 400 Jahren unter Asche und Lava begrub

Südamerika

Südamerika ist zu weiten Teilen von tropischen Regenwäldern bewachsen. Die größten Bäume, die es dort gibt, werden bis zu 70 m hoch. Man nennt sie deshalb auch „Baumriesen". Doch diese Wälder sind bedroht: Schon mehr als 20 Prozent des Dschungels in Südamerika wurden abgeholzt.

Tropische Regenwälder bedecken weite Teile Südamerikas. Da sie einen Großteil des für uns lebensnotwendigen Sauerstoffs produzieren, nennt man sie auch die „grüne Lunge" der Erde.

Früher war vor allem das Holz selbst sehr begehrt. Heute jedoch versucht man, durch Brandrodung neues Weideland für Rinder sowie Flächen für Palmenplantagen zu gewinnen. Jeden Tag werden rund 400 km² Regenwald gefällt. Das heißt, dass die Holzfäller in einer Woche eine Fläche entwalden, die so groß ist wie das Saarland.
Im äußersten Westen des Erdteils liegen die Anden. Sie sind das längste Hochgebirge der Welt und ziehen sich den gesamten Kontinent entlang bis hin zur äußersten Südspitze, die als „Feuerland" bekannt ist. Als der Seefahrer und Entdecker

Woher stammt die Schokolade?

Die Azteken, ein Indianerstamm Südamerikas, kannten schon um 600 n. Chr. „Xocolatl" – ein Getränk, von dem sich unser heutiges Wort „Schokolade" ableitet. Doch Xocolatl hätte uns sicherlich nicht geschmeckt, denn es enthielt nur Wasser mit gemahlenen Kakaobohnen, die im Rohzustand sehr bitter sind. Erst durch verschiedene Zusatzstoffe, wie Vanille, Kakaobutter und viel Zucker, wird die Schokolade süß. Schokolade, wie wir sie heute kennen, gibt es erst seit etwa 170 Jahren und wurde früher in Apotheken als „Stärkungsmittel" verkauft.

Ferdinand Magellan erstmals in dieser Region war, sah er vom Schiff aus am Ufer viele Feuerstellen der dort lebenden Indianer. Er nannte die Gegend deswegen kurzerhand „Tierra del Fuego", was so viel wie „Feuerland" bedeutet.
In den Anden entspringt auch der längste Fluss der Erde: der 6800 km lange Amazonas. Er fließt von dort aus in östlicher Richtung bis zum Atlantik. Weil der Fluss auf seinem Verlauf jede Menge Matsch und Schlamm mit sich reißt, ist die Farbe seines Wassers im Mündungsgebiet hellbraun.

Der Tukan ist einer der prächtigsten Vögel Südamerikas. Besonders imposant ist sein großer Schnabel, der zur Regulierung der Körperwärme dient.

Die Urbevölkerung Südamerikas waren mächtige Indianerstämme, wie die Inka, Maya und Azteken. Nachdem Christoph Kolumbus den Kontinent 1492 im Auftrag der Spanier „entdeckte", schickten diese immer mehr Schiffe dorthin und durchsuchten den ganzen Erdteil nach Gold und anderen Schätzen. Dabei gingen sie sehr gewalttätig vor, töteten viele Tausend Indianer und zerstörten deren Städte. Viele Nachfahren der Inka und Azteken leben heute in den Anden. Sie nutzen Lamas für den Transport von Gütern, da die Tiere ideal an die rauen Bedingungen des Hochgebirges angepasst sind. Aus dem Fell der Alpakas, einer Lama-Art aus Peru, wird warme Kleidung gefertigt. Ab der Mitte des 19. Jahrhunderts stießen Geschäftsleute über den Amazonas tiefer in den

Die Nachfahren der Maya-Indianer leben noch heute in Mexiko. Viele von ihnen sprechen kein Spanisch, sondern die Tzotzil-Sprache, eine der heute noch existierenden Maya-Sprachen.

Urwald vor. Denn nur in den Regenwäldern wachsen Kautschukbäume, aus deren Saft man Gummi gewinnt. Viele Dinge, wie Reifen oder Gummistiefel, konnten nun erstmals hergestellt werden.

Im Westen Südamerikas liegt die Atacama-Wüste. Sie gilt als die trockenste Region der Erde. Manchmal regnet es dort über zehn Jahre lang keinen Tropfen. Weil die Luft praktisch keine Feuchtigkeit enthält, ist sie sehr klar – ideal, um Sterne zu beobachten! Deswegen wurden riesige Weltraumteleskope mitten in der Atacama-Wüste erbaut.

In Südamerika werden die kamelähnlichen Alpakas wegen ihrer Wolle als Haustiere gehalten.

Galápagos-Inseln (Ecuador):
Die Finken und Meeresechsen auf den Galápagos-Inseln brachten Darwin auf die Idee zu seiner Evolutionstheorie.

Amazonas:
Längster Fluss der Welt: 6800 km

Peru:
Die weltbekannte Inka-Ruinenstadt Machu Picchu wurde um 1450 erbaut.

Titikakasee (Peru/Bolivien):
Liegt 3800 m hoch und ist damit der höchstgelegene See der Erde, auf dem Handelsschifffahrt betrieben wird

Galapagosinseln (ec.)

PAZIFISCHER OZEAN

ATLANTISCHER OZEAN

Caracas

TRINIDAD UND TOBAGO

VENEZUELA

Bogotá

GUYANA

SURINAM

Französich-Guayana

KOLUMBIEN

Quito

ECUADOR

PERU

Lima

BRASILIEN

Brasília

BOLIVIEN

Sucre

PARAGUAY

Asunción

CHILE

Santiago de Chile

URUGUAY

Montevideo

Buenos Aires

ARGENTINIEN

Falklandinseln (brit.)

0   1000 km

Südgeorgien (brit.)

 Ojos del Salado:
Höchster Vulkan der Welt (6893 m) im Grenzland zwischen Argentinien und Chile

 Brasilien:
São Paolo ist eine der größten Städte der Erde: 20,3 Mio. Menschen leben dort.

 Brasilien:
Der wegen seiner Form „Zuckerhut" genannte Berg ist das Wahrzeichen Rio de Janeiros.

 Chile:
Kap Hoorn ist eine der stürmischsten Regionen der Erde und bei Seefahrern deshalb früher wie heute sehr gefürchtet.

Australien und Ozeanien

In **Australien** gibt es Tiere und Pflanzen, die es nirgendwo sonst auf der Welt gibt. Als britische Eroberer in Australien landeten, hielten sie das Schnabeltier für eine Kreuzung aus Ente und Biber – und so ähnlich sieht es ja auch aus. Sie fingen ein Tier ein, stopften es aus und brachten es nach England, wo man es für eine Fälschung hielt! Der Koalabär ist wegen seines drolligen Aussehens eines der bekanntesten Tiere Australiens. Doch er hat scharfe Krallen und kann einem Menschen ernsthafte Verletzungen zufügen. Er ist zwar Vegetarier und ernährt sich ausschließlich von Eukalyptusblättern, doch wenn er sich gestört fühlt, schlägt er mit seiner Pranke auch schon mal zu. Ebenso wie der Koala ist das Känguru ein Beuteltier. Kurz nach der Geburt wandert das nur daumengroße und blinde Junge selbstständig in den Beutel der Mutter, wo es sich an einer Milchzitze festsaugt und gut geschützt heran-

Der auch als „Ayer's Rock" bekannte Berg „Uluru" gehört zu den bekanntesten Naturwundern des australischen Kontinents. Für die Aborigines ist er ein heiliger Ort.

Wieso leben in Australien viele Tiere, die es sonst nirgends gibt?

Kängurus, Koalabären oder Schnabeltiere gibt es nur in Australien, nirgendwo sonst. Das liegt daran, dass unsere Kontinente nicht starr an einem Fleck bleiben, sondern auf dem heißen Erdinneren „schwimmen". Vor Millionen von Jahren waren fast alle zu einem „Superkontinent" namens Gondwana vereinigt. Aus dieser riesigen Landmasse brach Australien viel früher als die anderen Erdteile ab: bereits vor etwa 85 Millionen Jahren. Irgendwann war der Erdteil so weit abgedriftet, dass Tiere von anderen Kontinenten den Erdteil nicht mehr erreichen konnten – weder über Landbrücken, noch schwimmend oder fliegend. Deshalb entwickelte sich die Australische Tier- und Pflanzenwelt in völliger Abgeschiedenheit und brachte Arten hervor, die es bis heute nur dort gibt.

Die Aborigines sind die Ureinwohner Australiens. Teilweise leben sie bis heute im Einklang mit der Natur. Bei der Jagd setzen sie nicht nur Speere, sondern auch Bumerangs ein.

wächst. So einzigartig die Tier- und Pflanzenwelt Australiens ist, so verletzlich ist sie auch. Als die ersten Siedler aus Europa nach Australien kamen, brachten sie Kaninchen mit, und auf ihren Schiffen gab es auch Ratten. Diese Tiere hatten in Australien leichtes Spiel, denn es gab für sie dort keine natürlichen Feinde. Sie vermehrten sich zu

Hunderttausenden und sind bis heute eine Plage für das Land, weil sie wertvolles Farmland vernichten und heimische Arten verdrängen. Östlich von Australien liegen mehr als 7000 kleine und große Inseln mitten im Pazifischen Ozean, von denen rund 2000 bewohnt sind. Alle zusammen werden als **Ozeanien** bezeichnet. Die größte von ihnen ist Neuguinea. Der östliche Teil der Insel, Papua-Neuguinea, wird zu Australien gerechnet. Der Westteil gehört zu Asien.

Australien und Ozeanien

Rund 90 Millionen Schafe soll es in Australien geben; das sind etwa viermal mehr Schafe, als das Land Einwohner hat.

Australien hat zwar viele unterschiedliche Klimazonen, doch als die europäischen Eroberer im 16. und 17. Jahrhundert dort ankamen, erlebten sie das Land als menschenfeindliche Einöde. Und sie waren fälschlicherweise davon überzeugt, dass die Ureinwohner des Kontinents, die Aborigines, Kannibalen seien. Da wundert es nicht, dass es zuerst europäische Strafgefangene waren, die den neuen Erdteil besiedeln mussten – ob sie wollten oder nicht. Vor allem die Briten hatten ein großes Interesse daran, den neuen Kontinent in Besitz zu nehmen und zu erkunden, ob er vielleicht Rohstoffe oder sonst irgendetwas Lohnenswertes für sie bereithielt. Aber keiner von ihnen wollte dort dauerhaft mit seiner Familie wohnen – Tausende Kilometer weit entfernt von der Heimat. Also befahlen sie den Sträflingen, dort Siedlungen aufzubauen, denn sie waren ja strafrechtlich verurteilt und mussten gehorchen.

Bis auf die extrem heiße und trockene Gegend im Innersten des Kontinents, das „Outback", besiedelten die Europäer weite Teile Australiens. So kam es ebenso auf diesem Erdteil schon bald zu Auseinandersetzungen zwischen neuen Siedlern und Ureinwohnern. Und auch hier zogen die Ureinwohner den Kürzeren. Bis heute sind viele von ihnen nicht voll in die Gesellschaft integriert und fühlen sich benachteiligt.

Noch immer ist nicht ganz klar, wie die abgelegenen Inseln **Ozeaniens** besiedelt worden sind. Eines ist jedenfalls sicher: Die ersten Menschen, die dort hinsegelten, müssen hervorragende Seefahrer gewesen sein und Meister der Navigation.

Weltberühmt ist der Hafen von Sydney, der größten Stadt Australiens. Das ungewöhnliche Gebäude mit den weißen Bögen ist das Opernhaus, das Wahrzeichen der Stadt.

In der Inselwelt Ozeaniens ist das traditionelle Auslegerboot bis heute ein wichtiges Transportmittel für die Bevölkerung: zum Beispiel, um im Hafen der Nachbarinsel ein paar Fässer Benzin zu kaufen.

 1 Mikronesien:
Im Meer vor den Marianeninseln liegt der Marianengraben. Er ist mit einer Tiefe von über 11 000 m der tiefste Punkt der Erde.

 2 Australien:
Kakadu-Nationalpark im Norden Australiens: mehr als 20 000 Jahre alte Felsbilder der Aborigines

 3 Tonga:
In Tonga kann man besonders gut Wale vom Boot aus beobachten.

 4 Australien:
Der Berg Uluru war früher auch bekannt als „Ayer's Rock" und ist den Aborigines, den Ureinwohnern Australiens, heilig.

Ohne Kompass und Landkarte legten sie Strecken von mehreren Tausend Kilometern mit Flößen auf dem offenen Meer zurück, bis sie ihre neue Heimat erreichten. Die zum Teil winzigen Inseln Ozeaniens werden in drei Hauptgebiete unterteilt: Mikronesien, Melanesien und Polynesien.

Heute ist die Bevölkerung Australiens bunt gemischt: Menschen aus Europa, aber auch aus vielen südostasiatischen Ländern sind nach Australien eingewandert. Deshalb sind australische Städte wahre Schmelztiegel: Hier leben Menschen unterschiedlichster Herkunft und Kultur zusammen. Alle Einwanderer brachten ihre Bräuche, ihre Feste und ihre Lieblingsrezepte mit. Deshalb ist Sydney, die Hauptstadt Australiens, bekannt für seine zahlreichen guten Restaurants, in denen man Gerichte aus nahezu allen Gegenden der Welt probieren kann.

Neuseeland liegt 1600 Kilometer südöstlich von Australien im südlichen Pazifischen Ozean. Es besteht aus zwei Hauptinseln und mehreren kleineren Inseln. In der Sprache der Ureinwohner, der Maori, wird es das „Land der großen weißen Wolke" genannt. Landwirtschaft ist in Neuseeland sehr wichtig, vor allem Schafe werden gehalten, die Wolle und Milch liefern. Hier leben zwölfmal mehr Schafe als Menschen, nämlich 45 Millionen! Außerdem wird eine grüne Frucht mit einer dünnen bräunlichen Schale gezüchtet, die in die ganze Welt verkauft wird: die Kiwi. Kiwi ist auch der Name eines Vogels, der nicht fliegen kann und den es nur auf Neuseeland gibt. Ihm verdanken die Neuseeländer ihren Spitznamen.

Kalgoorlie Boulder:
An der Golden Mile, einer der größten Goldadern der Welt: 120 Jahre alte Minen und Gebäude aus Goldrauschzeiten

Australien:
Von Perth bis Sidney: 3000 km lange Zugstrecke des Indian-Pacific, davon 480 km in der Nullarbor-Wüste ohne jede Kurve!

Neuseeland:
Tongariro-Nationalpark mit heiligen Stätten der Maori und aktiven Vulkanen (Ruapehu, Ngauruhoe und Tongariro)

Neuseeland:
Das Willowbank Wildlife Reserve zeigt Tiere und Pflanzen Neuseelands: mit Kiwi-Sichtungs-Garantie!

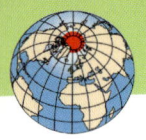

Arktis und Antarktis

Wer auf einen Globus schaut, kann „oben" und „unten" große weiße Flächen erkennen. Das sind die Polargebiete. Die Polargebiete sind sehr wichtig für das Klima auf der Erde: Wie gigantische Eiswürfel sorgen sie ständig dafür, dass Luft und Wasser abgekühlt werden, und beeinflussen so das Wetter auf der ganzen Erde.

Ganz oben, wo die Halterung den Globus befestigt, ist der Nordpol, ganz unten an derselben Stelle liegt der Südpol. Das Nordpolargebiet nennt man auch **Arktis**. Lange Zeit haben sich Forscher gefragt, ob sich unter dem Nordpol wohl festes Land befindet. Doch dann fanden sie heraus, dass es dort lediglich eine zwischen vier und sechs Meter dicke Eisdecke gibt. Diese Eisplatte liegt wie eine riesige schwimmende Insel auf dem Wasser des Nordpolarmeers. Mitten in dieser Eiswüste liegt der Nordpol. An den Küsten rund um den arktischen Ozean verschwindet das Eis im Sommer für wenige Monate.

Anders ist es im Südpolargebiet, der **Antarktis**. Hier verbirgt sich unter dem ewigen Eis eine riesige Landmasse – ein weiterer Kontinent, der auch „Antarktika" genannt wird. 80 Prozent des Eises der Erde befinden sich in der Antarktis. Die Eisdecke ist stellenweise bis zu 4000 Meter dick –

das sind Eisschichten, die so hoch sind wie einige der höchsten Berge der Alpen! In der Antarktis regnet es nie und es schneit nur wenig. Doch es kann sehr kalt und extrem stürmisch werden: Im Jahr 1983 wurde hier die bislang kälteste Temperatur verzeichnet: –89,2 Grad Celsius!

Kann man an Nord- und Südpol leben?

Rund um den Nordpol sind verschiedene Volksgruppen heimisch, unter anderen die Inuit. Sie haben sich an ein Leben in Kälte und Eis gut angepasst. Früher zogen sie als Nomaden mit Hundeschlitten Meeressäugern wie Walrossen, Walen und Robben hinterher, die sie jagten. Sie lebten in Iglus und fertigten sich warme Kleidung aus dem Fell der erbeuteten Tiere. Heute haben sie ihre nomadische Lebensweise aufgegeben und bewohnen Siedlungen, etwa im Süden Kanadas.

Am Südpol würde ein Mensch im Freien und selbst in einem „normalen" Haus innerhalb kürzester Zeit erfrieren. Deswegen ist die Antarktis bis auf wenige Forschungsstationen unbewohnt. Die Gebäude der Polarforscher sind zwar extrem gut gegen Kälte isoliert, können aber dennoch nur im Polarsommer bezogen werden – im Winter ist es einfach zu kalt und stürmisch.

Im arktischen Treibeis lebt das Walross, eine große Robbenart mit langen Stoßzähnen und einem struppigen Borstenbart.

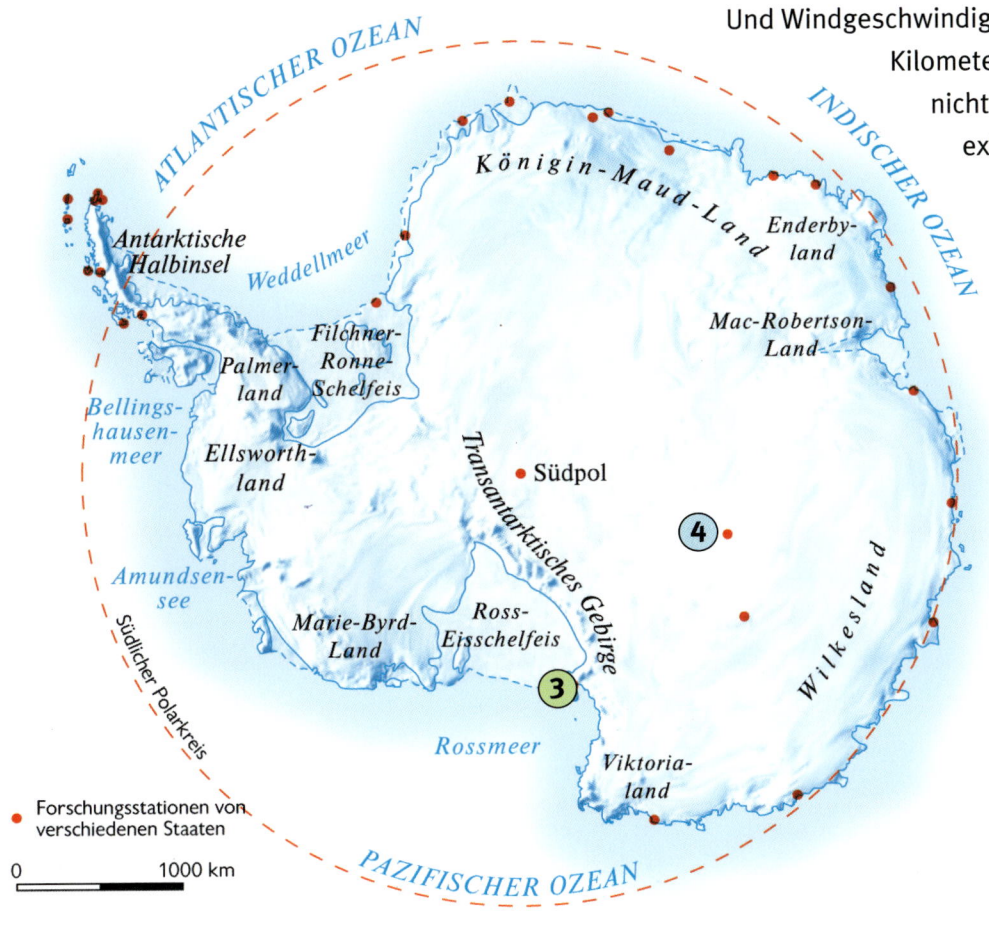

ATLANTISCHER OZEAN

INDISCHER OZEAN

Königin-Maud-Land

Enderby-land

Antarktische Halbinsel

Weddellmeer

Mac-Robertson-Land

Filchner-Ronne-Schelfeis

Palmer-land

Bellings-hausen-meer

Ellsworth-land

Transantarktisches Gebirge

Südpol

④

Amundsen-see

Marie-Byrd-Land

Ross-Eisschelfeis

Wilkesland

Südlicher Polarkreis

③

Rossmeer

Viktoria-land

PAZIFISCHER OZEAN

• Forschungsstationen von verschiedenen Staaten

0   1000 km

Und Windgeschwindigkeiten von rund 200 Kilometern in der Stunde sind nicht selten. Wegen diesen extremen Bedingungen kann niemand dauerhaft in der Antarktis leben. Deswegen wird dieser Erdteil oft vernachlässigt, wenn nach den einzelnen Kontinenten gefragt wird.

Die Forschungsstationen in der Antarktis, wie die deutsche Neumayer-Station, sind zum Schutz vor Kälte und Wind größtenteils ins Eis eingegraben. Überirdisch sieht man meist nur die Fahrzeuge der Forscher.

In den Meeren rund um die Arktis und Antarktis treiben riesige Kolosse aus gefrorenem Süßwasser: die Eisberge!

① Baffininsel:
Größte Insel der kanadisch-arktischen Inselgruppe

② Nordpol:
Die durchschnittliche Packeishöhe beträgt 2 m, manchmal ist der Nordpol aber auch eisfrei.

③ Mount Erebus:
Höchster noch aktiver Vulkan (3795 m) in der Antarktis

④ Wostok-Forschungsstation:
Kältester Punkt der Erde: In der Klimastation in der Ostantarktis wurden −89,2 °C gemessen.

Meere und Ozeane

Unser Planet ist größtenteils von Wasser bedeckt: Ozeane, Flüsse und Seen bilden zusammen über 75 Prozent der Erdoberfläche. Doch da wir als Menschen auf dem Land leben und nicht im Meer, machen wir uns oft keine Gedanken darüber. Biologen sagen, dass es in den Ozeanen Bereiche gibt, in denen vielleicht genauso viele oder sogar mehr Tierarten leben als im tropischen Regenwald. Allerdings sind die Meere bedroht: Durch Umweltverschmutzung und übermäßige Fischerei stehen viele Tierarten kurz vor dem Aussterben; darunter sogenannte Schlüsselarten, von deren Existenz wiederum das Überleben anderer Tiere abhängt. Außerdem wird es in den Weltmeeren immer lauter! Zunehmend fahren Schiffe über die Ozeane, die mit ihren Motoren unter Wasser über viele Kilometer weit zu hören sind. Und neuartige Sonarsysteme werden eingesetzt, die laute Töne ins Wasser abgeben, anhand derer sich Schiffe orientieren können. Unter Wasser verbreitet sich der Schall wesentlich stärker als durch die Luft! Viele Tier-

Eines der gravierendsten Probleme der Meere ist heute die Überfischung. Das bedeutet, es wird mehr Fisch gefangen, als Jungfisch nachwachsen kann. Und so sind viele Arten in ihren Beständen bedroht.

arten, so vermuten die Forscher, werden durch diesen Unterwasserlärm derart gestört, dass sie sich immer seltener fortpflanzen.

Zu den ungewöhnlichsten und intelligentesten Tieren unserer Ozeane zählen die Tintenfische.

Welches ist der höchste Berg?

Diese Frage würden wohl alle ganz schnell mit „Mount Everest" beantworten. Und das stimmt auch: Der Mount Everest im asiatischen Himalaja-Gebirge ist mit 8850 m Höhe der höchste Berg – über dem Meeresspiegel! Doch es gibt einen Berg, der vom Meeresspiegel aus gemessen zwar „nur" rund 4200 m hoch ist; doch unterhalb des Meeresspiegels geht es ja weiter. Und wenn man auf diese Weise vom Gipfel bis zum Fuß des Berges auf dem Meeresboden misst, kommt man auf eine gigantische Höhe von mehr als 10 200 m. Dieser rekordverdächtige Berg ist der Vulkan „Mauna Kea" auf Hawaii.

Meeresströmungen

Die Meeresströmungen durchziehen alle Ozeane wie ein weltumspannendes Band. Sie bewegen sich fast überall tief unterhalb der Meeresoberfläche, sodass man sie von einem Schiff aus, das oben auf dem Wasser fährt, gar nicht bemerkt. Trotzdem sind sie sehr wichtig für uns, denn sie beeinflussen das Klima. Der Golfstrom zum Beispiel führt warmes Wasser aus der Karibik bis an die Küsten Europas und sorgt dafür, dass es bei uns in Mitteleuropa viel mildere Winter gibt als zum Beispiel in Osteuropa, wo solch eine Meeresströmung nicht vorkommt.

An der Küste Südamerikas gibt es eine sehr kalte Strömung, den Humboldtstrom. Er ist besonders nährstoff- und fischreich, sorgt aber dafür, dass die Luft an der Küste im Norden von Chile abkühlt und dort nur sehr wenig Regen fällt. Deshalb ist hier eine der trockensten Regionen der Erde entstanden: die Atacama-Wüste.

Ausgelöst werden die Meeresströmungen durch Temperaturunterschiede im Wasser. Wenn sich das Wasser der Ozeane abkühlt, sinkt es nach unten, und noch nicht abgekühltes, von der Sonne aufgeheiztes Wasser strömt nach. So entsteht mit der Zeit eine unaufhörliche Bewegung, die wie ein Kreislauf funktioniert.

Korallenriffe gehören zu den vielfältigsten Lebensräumen in unseren Meeren. Sie bieten Hunderten von Tierarten Unterschlupf und Nahrung.

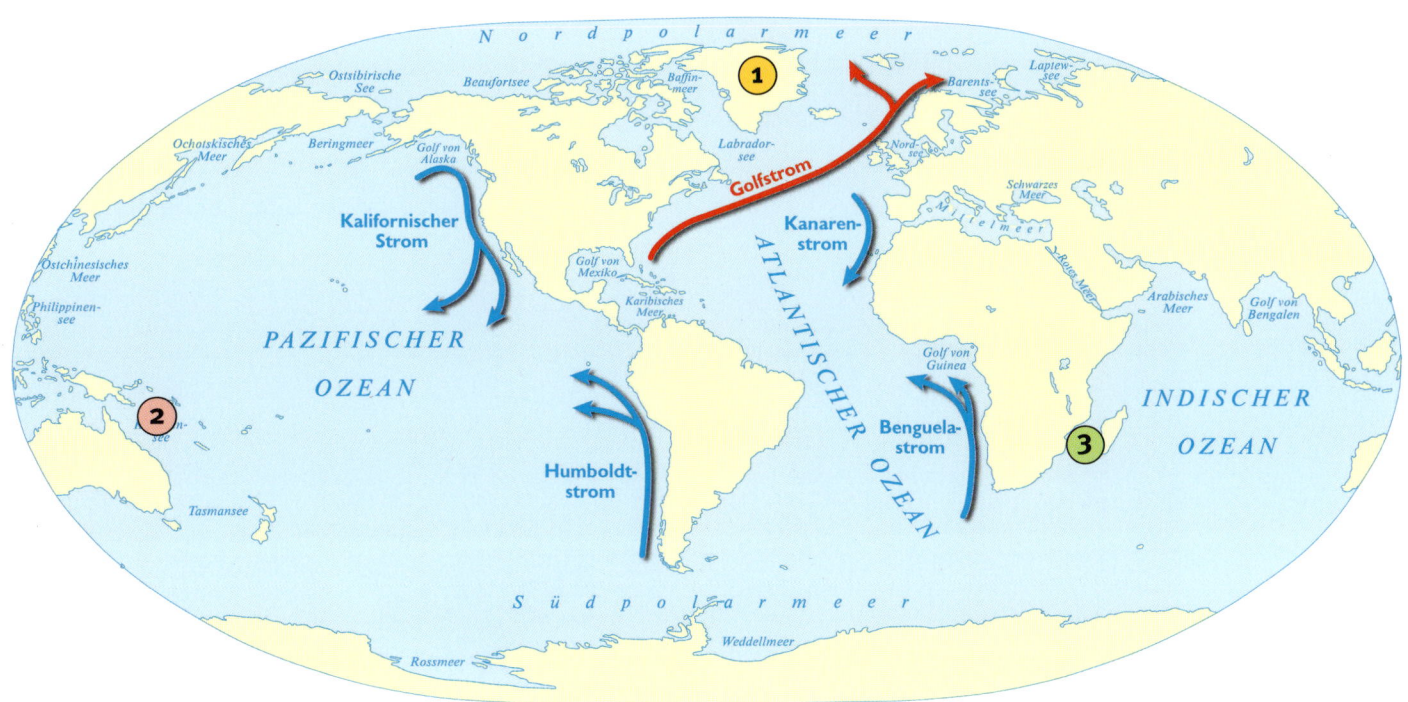

Grönland:
Die größte Insel der Welt (2 175 600 km²) liegt im Atlantik.

Great Barrier Reef:
Größtes Korallenriff der Welt vor der Nordküste Australiens (400 Korallenarten und 2000 Fischarten und andere Meerestiere)

Madagaskar:
Größte Insel im Indischen Ozean (587 040 km²)

Unsere Erde

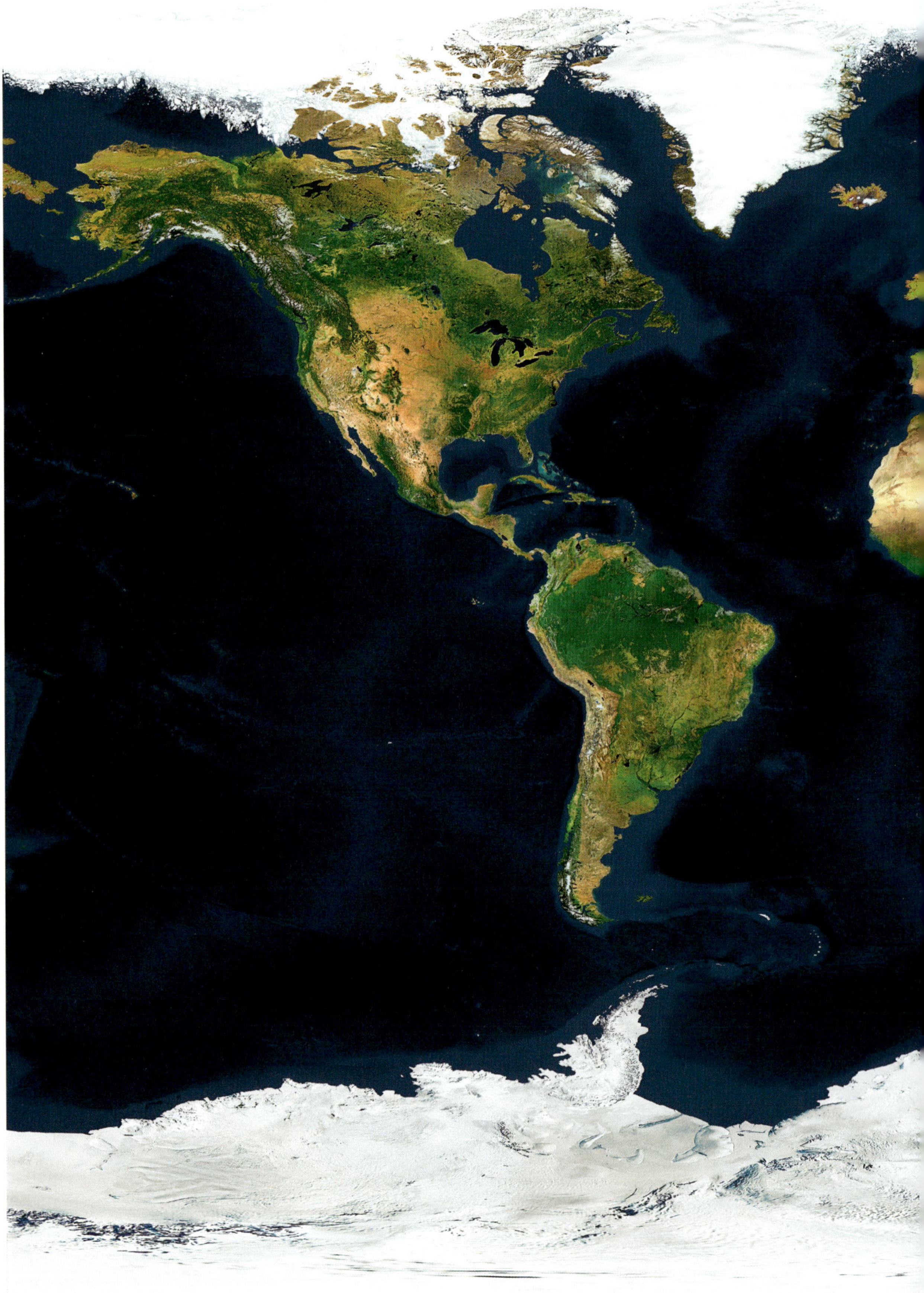

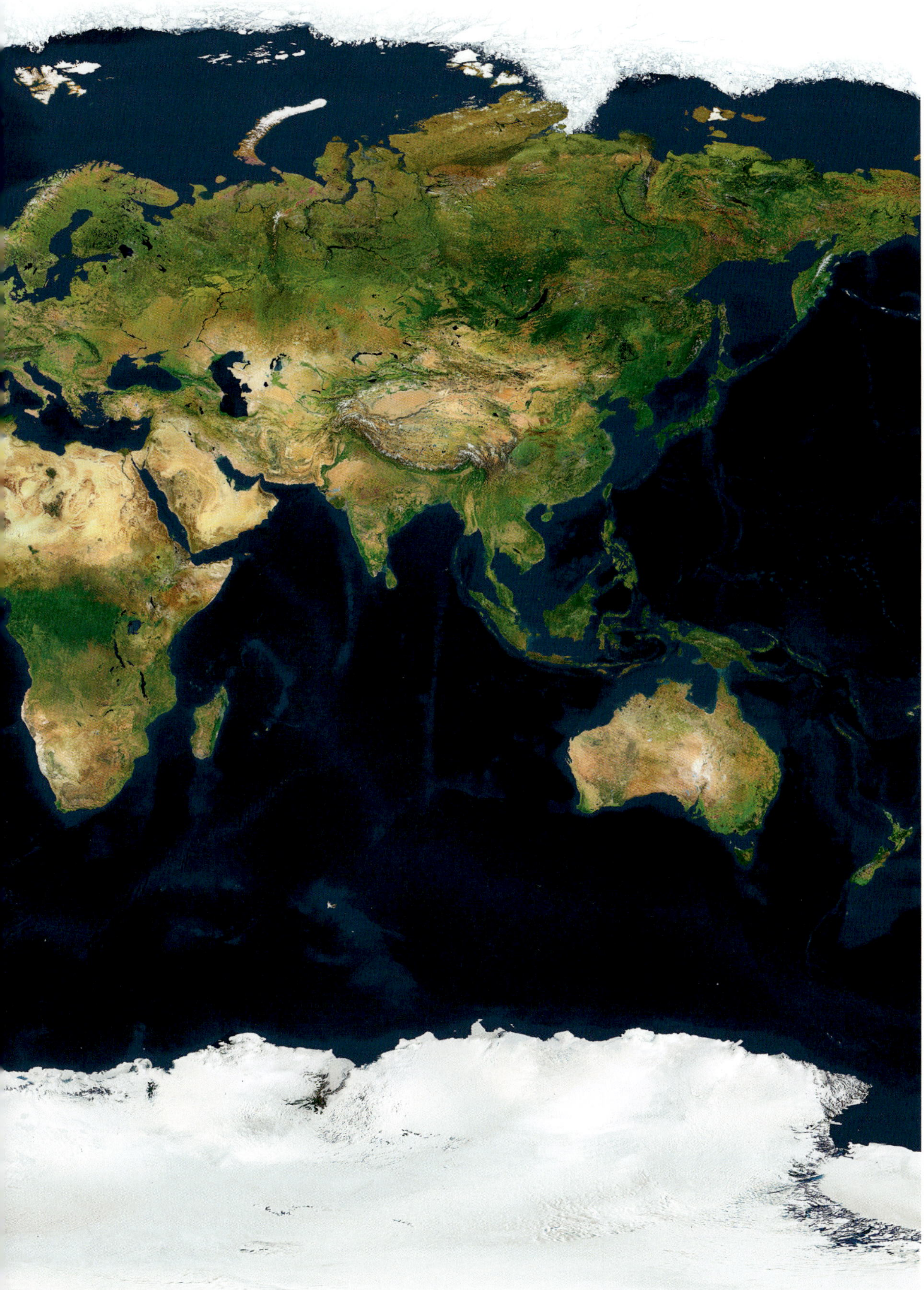

Sechs Kontinente sind auf der Weltkarte zu erkennen: Nord- und Südamerika, Afrika, Europa, Asien und Australien. Meistens wird der siebte Kontinent Antarktika nicht dazugerechnet. Denn auf dem Erdteil rund um den Südpol ist es so kalt, dass dort Menschen nicht dauerhaft leben können. Zwischen den sechs Erdteilen liegen drei Ozeane. Sie beinhalten die unvorstellbare Menge von rund 1,4 Trillionen Liter Wasser, also 1,4 Millionen hoch drei oder 1,4 mit 18 Nullen! Im Vergleich dazu ist die Menge an Süßwasser auf unserem Planeten verschwindend gering: Sie macht nur drei Prozent des gesamten Wasservorkommens aus.

Vom Weltraum aus erscheint unsere Erde als blauer Planet, da über 70 Prozent der Oberfläche mit Wasser bedeckt sind – eine von vielen wichtigen Voraussetzungen für die Entstehung von Leben.

So wie hier in Neuseeland könnte die Erde in ihrer Frühzeit einmal ausgesehen haben. Die Kontinente und auch die Meere hätten ohne vulkanische Aktivität nie entstehen können.

In anderen Gegenden der Erde herrscht wiederum ein Wasserüberfluss. Besonders in Indien, Bangladesch und Pakistan gibt es immer wieder schwere Überflutungen, da in diesen Ländern ein sogenanntes Monsunklima herrscht. Monsunwinde führen im Sommer viel feuchte Luft vom Meer auf den asiatischen Kontinent. Dort regnet die Feuchtigkeit ab. Man spricht auch von der „Regenzeit", weil es zu dieser Zeit des Jahres fast ununterbrochen regnet.

Da wir unser Trinkwasser überwiegend aus Süßwasser gewinnen, ist in vielen Ländern Wassermangel ein riesiges Problem. In den Nachrichten wird häufig über die Wasserarmut in afrikanischen Ländern berichtet. Doch auch in Europa gibt es Regionen, in denen Wasser ein kostbares Gut ist. Auf der Insel Malta im östlichen Mittelmeer zum Beispiel gibt es keine einzige Süßwasserquelle. Die Menschen dort investieren viel Geld und Energie, um Meerwasser zu entsalzen und auf diese Art und Weise genießbares Trinkwasser herzustellen.

Lange bevor es die Menschen gab, beherrschten Dinosaurier die Erde. Sie wurden vermutlich durch einen Meteoriteneinschlag und dessen Folgen auf die Umwelt ausgerottet.

Das Weltall

Das Weltall ist unermesslich groß. Noch immer weiß niemand genau, wie es entstanden ist. Unsere Erde ist ein Planet und befindet sich inmitten einer Galaxie, einer riesigen Ansammlung von Millionen von Sternen. Im Gegensatz zu Planeten sind Sterne glühend heiße Gaskugeln, die Licht und Wärme abgeben. Zusammen mit sieben weiteren Planeten umkreist die Erde auf einer festen Umlaufbahn „unseren" Stern: die Sonne. Eine „Umrundung" dauert genau 365 Tage, also ein Jahr. Die Erde ist der einzige der acht Planeten dieses Sonnen-systems, der in einem so günstigen Abstand zur Sonne liegt, dass ein so vielfältiges Leben ent-stehen konnte. Bereits auf unserem Nachbar-planeten Venus wäre es für Lebewesen viel zu heiß und auf dem am weitesten von der Sonne ent-fernten Planeten Neptun herrschen Temperaturen unter −200 Grad Celsius. Außerdem ist die Erde von einer Atmosphäre umgeben, die dafür sorgt, dass immer genug Luft zum Atmen da ist. Diese Lufthülle schützt uns auch vor zu viel schädlicher Sonnen-strahlung. Das Magnetfeld der Erde wirkt zusätzlich wie ein Schutzschild und hält gefährliche Strahlung aus dem Weltraum ab.

Dort geht es nämlich „hoch her": Die Sonne schleudert jeden Tag energiegeladene Teilchen in Richtung Erde. Wenn einige davon doch ein „Schlupfloch" durch das Erdmagnetfeld finden, bringen sie in den Polargebieten Luftmoleküle zum Leuchten. Wir Menschen nehmen das als Polarlichter wahr, die zu den schönsten Naturphänomenen gehören.

Gibt es Leben auf anderen Planeten des Sonnensystems?

Noch vor 20 Jahren lernten alle Kinder in der Schule: Außer auf der Erde gibt es in unserem Sonnensystem kein Leben! Mittlerweile ist man sich da aber nicht mehr so sicher. Seitdem auf dem Mars Eis entdeckt wurde, glauben Wissenschaftler, dass es darin auch Bakterien oder ähnliche Organismen geben könnte. Auch der Saturnmond „Titan" ist laut Forschermeinung ein „heißer Kandidat", auf dem sich solche ein-fachen Lebensformen tummeln könnten. „Grüne Männchen" oder grimmige Aliens gibt es aber in unserem Sonnensystem ganz sicher nicht.

Sterne, wie die Sonne, leben nicht ewig. Nach vielen Millionen Jahren hat ein Stern alle Energie verbraucht und explodiert in einer gigantischen Energieentladung, die man Supernova nennt. Dabei wird der Stern kurzfristig so hell wie eine ganze Galaxie.

Das Sonnensystem besteht aus acht Planeten, die in unterschiedlichen Abständen um die Sonne kreisen: Merkur, Venus, Erde, Mars, Jupiter, Saturn, Uranus, Neptun.

Unser Sonnensystem befindet sich am äußeren Rand der Milchstraße. Die Milchstraße ist eine sogenannte Spiralgalaxie. In der Grafik sieht man gut, weshalb sie so bezeichnet wird.

Register

A

Aborigines 66
Afrika 50
Akropolis 42
Alaska 58
Albanien 42
Alexander der Große 56
Alpaka 64
Alt-Simbabwe 53
Altes Ägypten 52
Amazonas 62
Amsterdam 32
Anden 62
Andorra 34
Andorra la Vella 34
Antarktika 70
Antarktis 70
Arktis 70
Artussage 48
Asien 54
Asterix und Obelix 33
Astrid Lindgren 47
Atacama-Wüste 64, 73
Athen 42
Atmosphäre 77
Australien 66
Ayer's Rock 66
Azteken 64

B

Babelsberg 18
Baden-Württemberg 26
Baikalsee 45
Basiliuskathedrale 45
Bayerischer Wald 27
Bayern 27
Belgien 32
Belgrad 40
Benelux-Staaten 32
Berlin 12, 18
Berliner Mauer 18
Bern 36
Bernsteinzimmer 45
Böhmen 38
Bosnien und Herzegowina 40
Bosporus 54
Brandenburg 18
Brandenburger Tor 18
Bratislava 38
Bremen 16
Bremerhaven 16
Brüssel 32
Budapest 38
Bukarest 41
Bulgarien 41
Bundesrepublik Deutschland 12

C

Carl Benz 26
Chişinău 41
Chongqing 11
Christoph Kolumbus 60

D

Dänemark 46
DDR 12
Der kleine Maulwurf 38
Der kleine Nick 33

Deutsche Demokratische Republik 12
Die Kinder aus Bullerbü 47
Die kleine Meerjungfrau 46
Diktatur 44
Dinosaurier 76
Disney-World 60
Dracula 41
Dresden 20
Dresdner Frauenkirche 20
Dschingis Khan 56
Dublin 49
Düne von Pyla 33
Düsseldorf 23

E

Eiffelturm 33
Emmentaler Käse 36
Erde 74, 77
Erdmagnetfeld 77
Erfurt 21
Erzgebirge 12
Estland 44
EU 30
Eurasien 28
Euro 30
Europa 28
Europäische Union 30
Ex-Jugoslawien 40

F

Faltengebirge 29
Ferdinand Magellan 62
Feuerland 62
Finnland 47
Formel-1-Rennen 33
Frankfurt am Main 22
Frankreich 33

G

Galápagos-Inseln 64
Galaxie 77
Geografischer Mittelpunkt 12
Geysir 49
Golfstrom 73
Göreme 43
Gottlieb Daimler 26
Graf Dracula 41
Grand Canyon 58
Great Barrier Reef 73
Griechenland 42
Grönland 28, 73
Großbritannien 48
Große Mauer 56

H

Hamburg 16
Hannover 17
Hansestadt 16
Hebriden 49
Heidi 36
Helsinki 47
Hessen 22
Himalaja 54
Hochkultur 52
Huckleberry Finn 58
Humboldtstrom 73

I

Indianer 58, 64
Indien 55
Inka 64
Irland 49
Island 49
Istanbul 43
Italien 35

J

Johanna Spyri 36
Jugoslawien 40
Jupiter 77

K

Kalahari 51
Känguru 66
Kap der guten Hoffnung 51
Kap Hoorn 65
Käse 36
Kiew 44
Kilimandscharo 53
Kiwi 69
Koalabär 66
Kölner Dom 11
Kolosseum 35
Konstantinopel 43
Kontinente 76
Kopenhagen 46
Kosovo 40
Kroatien 40
Kuckucksuhr 26

L

Lettland 44
Linksverkehr 48
Lissabon 34
Litauen 44
Ljubljana 37
London 48
Loreley-Felsen 24
Lucky Luke 32
Lüneburger Heide 17
Luxemburg 32

M

Machu Picchu 64
Madagaskar 73
Madame Tussauds Wachsfiguren-
   kabinett 48
Madrid 34
Magdeburg 19
Magnetfeld 77
Mähren 38
Mainz 24
Malta 28, 35
Manhattan 60
Maori 69
Mark Twain 58
Mars 77
Martin Luther 21
Mauna Kea 72
Max und Moritz 17
Maya 64
Mazedonien 40
Mecklenburgische Seenplatte 15
Mecklenburg-Vorpommern 15
Meere 72

Meeresströmungen 73
Melanesien 69
Merkur 77
Meteora 42
Michel 47
Mikronesien 68, 69
Milchstraße 77
Minsk 44
Mittelamerika 58
Moldawien 41
Monaco 33
Mongolei 56
Monsunregen 57
Montblanc 31
Montenegro 40
Moskau 45
Mount Everest 54, 72
München 27
Münzrecht 10
Museumsinsel 18

N
Neptun 77
Neue Bundesländer 20
Neuguinea 67
Neuschwanstein 13
Neuseeland 69
New York 60
Niagara-Wasserfälle 60
Niederlande 32
Niedersachsen 17
Nikosia 43
Nil 52
Nils Holgersson 47
Nordamerika 58
Nordkap 30
Nordmänner 46
Nord-Ostsee-Kanal 14
Nordpol 70
Nordrhein-Westfalen 23
Norwegen 47

O
Odysseus 42
Oktoberfest 27
Olympische Spiele 42
Oslo 47
Österreich 37
Österreich-Ungarn 38
Outback 68
Ozeane 72
Ozeanien 66

P
Pamukkale 43
Papua-Neuguinea 67
Paris 33
Pfälzerwald 24
Pippi Langstrumpf 47
Podgorica 40
Polargebiete 70
Polarlichter 77
Polen 39
Polynesien 69
Pommes frites 32
Porta Westfalica 23
Portugal 34
Potsdam 18
Prag 38

Priština 40
Pyramiden von Giseh 52

Q
Quedlinburg 19

R
Reichstag 18
Reißverschluss 37
Reykjavík 49
Rhein 12
Rheinland-Pfalz 24
Richard Wagner 24
Riga 44
Rio de Janeiro 65
Robert Schumann 24
Rocky Mountains 58
Rom 35
Römerpark Xanten 23
Römisches Reich 35
Rügen 12, 15
Ruhrgebiet 23
Rumänien 41
Russland 45

S
Saarbrücken 25
Saarland 25
Saarschleife 25
Sachsen 20
Sachsen-Anhalt 19
Sagrada Familia 34
Sahara 50, 52
San Marino 35
São Paolo 65
Sarajevo 40
Saturn 77
Sauna 47
Savanne 50
Saxophon 32
Schiefer Turm von Pisa 35
Schleswig-Holstein 14
Schlümpfe 32
Schnabeltier 66
Schokolade 62
Schwarzwald 26
Schweden 47
Schweiz 36
Schwerin 15
Selma Lagerlöf 47
Serbien 40
Sibirien 45, 54
Sizilien 35
Skandinavien 47
Skopje 40
Slowakei 38
Slowenien 37
Sofia 41
Sonne 77
Spanien 34
Spanische Hofreitschule 37
Sphinx 52
Spreewald 18
Stadtrecht 10
Sterne 77
Stockholm 47
Stonehenge 48
Stuttgart 26
Subkontinent 55
Südamerika 62

Südpol 70
Sydney 68

T
Tadsch Mahal 56
Tallinn 44
Tal von M'zab 52
Tarpane 39
Thomanerchor 20
Thüringen 21
Tikal 61
Till Eulenspiegel 19
Tim und Struppi 32
Tirana 42
Titikakasee 64
Tokio 11, 56
Tom Sawyer 58
Tongariro-Nationalpark 69
Tornado 58
Trinkwasser 76
Troodos-Gebirge 43
Tropische Regenwälder 50, 54, 62
Tschechien 38
Tschernobyl 44
Tsunami 54
Türkei 43

U
Überfischung 72
Überflutungen 76
Ukraine 44
Uluru 66
Ungarn 38
Ural 45
Uranus 77
Urmenschen 50

V
Vatikanstadt 35
Venus 77
Vilnius 44
Völklinger Hütte 25
Vulkaneifel 24

W
Warschau 39
Wartburg 21
Wasserarmut 76
Wattenmeer 17
Weißrussland 44
Weltall 77
Wien 37
Wiener Prater 37
Wiesbaden 22
Wikinger 46
Wilhelm Busch 17
Willowbank Wildlife Reserve 69
Wolga 30

Y
Yellowstone-Nationalpark 58

Z
Zagreb 40
Zdeněk Miler 38
Zeppelin 26
Zuckerhut 65
Zugspitze 13
Zypern 43

Weitere Infos von der Maus!

Warum kribbeln eingeschlafene Füße?
Wie kommt die Mücke in den Bernstein?
Weshalb knackt Holz beim Verbrennen?
Und wieso fallen die Milchzähne aus?

Jeden Tag schwirren Kindern tausend Fragen durch den Kopf. Doch was ist, wenn auch die Erwachsenen mal keine passende Antwort parat haben? Dann hilft nur eines: »Das Lexikon mit der Maus« rausholen und selbst nachschlagen! Hier finden Mausfans ab 6 Jahren spannendes und verständlich aufbereitetes Mauswissen aus allen Bereichen: von Technik und Naturwissenschaft über Tiere und Pflanzen bis hin zu Geografie, Religion, Kunst, Musik und Politik. Mit 500 Abbildungen, 130 Infoboxen zu »Rätseln des Alltags«, tollem Mausquiz und natürlich – mit der Maus!

Ab 6 Jahren. 320 Seiten. Gebunden
ISBN 978-3-411-07095-4

Gut zu wissen!

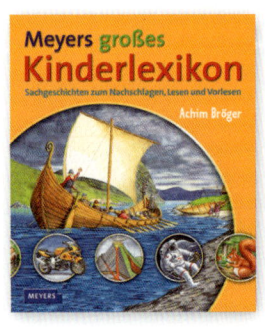

Ab 5 Jahren. 144 Seiten. Gebunden
ISBN 978-3-411-07094-7

Ab 5 Jahren. 344 Seiten. Gebunden
ISBN 978-3-411-81047-5

Ab 5 Jahren. 256 Seiten. Gebunden
ISBN 978-3-411-07817-2

www.meyers.de

Afrika

Ägypten

Algerien

Angola

Äquatorialguinea

Äthiopien

Benin

Botswana

Burkina Faso

Burundi

Djibouti

Elfenbeinküste

Eritrea

Gabun

Gambia

Ghana

Guinea

Guinea-Bissau

Kamerun

Kap Verde

Kenia

Komoren

Kongo

Kongo, Demokratische Republik

Lesotho

Liberia

Libyen

Madagaskar

Malawi

Mali

Marokko

Mauretanien

Mauritius

Moçambique

Namibia

Niger

Nigeria

Ruanda

Sambia

São Tomé und Príncipe

Senegal

Seychellen

Sierra Leone

Simbabwe

Somalia

Südafrika

Sudan

Süd-Sudan

Swasiland

Tansania

Togo

Tschad

Tunesien

Uganda

Zentralafrikanische Republik